À la découverte de l'Absolu

Catalogage avant publication de Bibliothèque et Archives Canada

Upanisad. Français. Extraits
À la découverte de l'Absolu : là où la vie prend tout son sens
(Approche)

ISBN 2-922417-57-3

1. Vedānta. 2. Vie spirituelle - Hindouisme. 3. Dieu (Hindouisme). 4. Absolu (Philosophie).
I. A.C. Bhaktivedanta Swami Prabhupāda, 1896-1977. II. Corbeil, Pierre, 1951- .
III. Titre. IV. Collection : Approche (Montréal, Québec).

BL1124.54.F7 2006 294.5'9218 C2006-940710-X

Dépôts légaux
Bibliothèque nationale du Québec
Bibliothèque nationale du Canada
Imprimé au Canada

Diffusion en Amérique du Nord :
SOMABEC
B.P. 295, 2475, rue Sylva Clapin
Saint-Hyacinthe (Québec), Canada J2S 7B6
Téléphone : (450) 467-8365/1 800 361-8118
http://www.somabec.qc.ca

Diffusion en Europe :
D.N.M.
30, rue Gay-Lussac
75005 Paris, France
Téléphone : 01.43.54.49.02
http://www.librairieduquebec.fr

Révision linguistique : Denis Bernier
Couverture : Carl Huard
Mise en pages : Soludoc
Impression : Imprimerie Transnumérique inc.

http://iqe.qc.ca
ISBN : 2-922417-57-3

1 2 3 00 09 08 07 06

Pierre Corbeil

À la découverte de l'Absolu

D'après

La Shri Ishopanishad

Traduite du sanskrit et commentée par

Shri Shrimad
A.C. Bhaktivedanta Swami Prabhoupad

IQ

Approche

Table des matières

ANNEXES

Je dédie cet ouvrage à mes très chers enfants, auxquels j'ai tenté de transmettre mes connaissances et mes valeurs sans les confiner à une voie toute tracée, préférant leur fournir les points de repère nécessaires à une saine évolution et les laisser découvrir par eux-mêmes leur propre chemin.

AVANT-PROPOS

La collection *Approche* a été créée dans le but de faciliter l'accès aux *Védas*, les textes de référence de la plus ancienne tradition philosophique qui soit. Les grands maîtres d'une lignée ininterrompue nous en transmettent la science depuis l'aube des temps, et leurs enseignements fidèles au message d'origine nous révèlent la connaissance de l'être, de l'univers et de l'Absolu. Bref, ces écrits répondent aux questions fondamentales que nous nous posons, et c'est afin de les mettre à la portée de tous, y compris des jeunes lecteurs, que nous les présentons aujourd'hui dans une version conviviale et dépouillée.

Contrairement à ce que certains pourraient croire, cette tradition vieille comme le monde est plus vivante que jamais, et son plus illustre porte-parole à notre époque a sans aucun doute été Shri Shrimad A.C. Bhaktivedanta Swami Prabhoupad (1896-1977), dont une courte biographie figure en annexe. Ce grand maître des temps modernes a d'ailleurs traduit en anglais plusieurs de ces classiques, au départ écrits en sanskrit. Cette langue sacrée, aussi appelée « langue des dieux », a en effet été utilisée pendant des milliers d'années pour véhiculer la connaissance spirituelle, et bon nombre des manuscrits de départ ont été conservés jusqu'à nos jours.

Pour en préserver l'authenticité et nous permettre d'en apprécier toute la richesse, Bhaktivedanta Swami a adopté une approche chère aux sages de la tradition védique, qui consiste à présenter chaque verset en sanskrit puis sa translittération en caractères romains, c'est-à-dire dans l'alphabet que nous connaissons. Il en a ensuite donné une traduction mot à mot, puis une traduction littéraire, pour enfin nous l'expliquer de façon élaborée en respectant rigoureusement l'esprit du texte et les enseignements livrés par les maîtres spirituels qui l'avaient précédé.

S'il a tenu à procéder de la sorte, c'est aussi pour permettre aux chercheurs, aux penseurs et aux dirigeants de la société d'en approfondir le contenu et d'en tirer une direction personnelle afin de mieux guider l'humanité. D'origine indienne, il a par ailleurs insisté auprès des plus instruits de ses disciples pour qu'ils révisent ses traductions selon les normes linguistiques et littéraires les plus actuelles et les plus strictes, de manière à ce que personne n'y trouve la moindre faille.

Initié par lui sous le nom de Vishnourata das – « le serviteur de l'éternel protégé de Vishnou » –, j'ai moi-même eu la chance de contribuer à la traduction en français de la plus grande partie de son œuvre, et c'est dans le respect de ses exigences que notre équipe a travaillé pendant une douzaine d'années, attirant sur Shrila Prabhoupad les plus grands éloges de professeurs et étudiants de langue, d'histoire, de philosophie, de sciences, de lettres et de religion, ainsi que de nombreux chefs de file dans tous les domaines.

Au fil des ans, nous avons cependant constaté que, malgré leur intérêt, certaines personnes étaient parfois rebutées par l'apparente complexité de tels écrits. Or, comme Shrila Prabhoupad désirait que tous, sans exception, aient la possibilité de bénéficier de ces précieux enseignements, plusieurs de ses disciples en ayant acquis une solide connaissance ont entrepris d'écrire des ouvrages plus faciles d'accès tout en respectant scrupuleusement l'essence du message premier.

C'est dans cette optique que la collection *Approche* a été conçue, et j'espère de tout cœur qu'elle contribuera à faire découvrir et apprécier la valeur inestimable d'un savoir qui répond de tout temps à nos besoins individuels et collectifs, et plus que jamais en ces temps troublés où nous vivons. Les enseignements présentés s'adressent d'ailleurs à l'humanité tout entière, sans distinction de race, de culture ou de croyance; et à travers les époques, tous ceux et celles qui les ont approchés avec un esprit ouvert en ont retiré les plus grands bienfaits.

Le présent ouvrage est tiré de la ***Shri Ishopanishad***, un texte primordial retenu par Shrila Prabhoupad parce qu'il fournit une excellente introduction à la spiritualité et met clairement en lumière l'aspect personnel de l'Absolu. Nous avons ici conservé la traduction de l'invocation et des dix-huit versets originaux, ainsi que la teneur des commentaires éclairés d'A. C. Bhaktivedanta Swami. Le langage en a toutefois été simplifié, certains passages plus techniques ont été abrégés et, par souci de fluidité, nous avons omis la partie sanskrite de même que la traduction mot à mot des versets. Mais le message ne perd rien de sa profondeur ni de son authenticité, et le lecteur sincère saura en reconnaître toute l'importance.

Reste qu'on y traite de sacré, d'absolu, de perfection et de divinité, suivant une approche directe aujourd'hui tenue pour taboue par les intellectuels bon chic bon genre. Or, il faut savoir que le langage employé, imagé et souvent provoquant, se veut le reflet d'une tradition philosophique et spirituelle fort ancienne qui n'admet aucun compromis – la vérité est ce qu'elle est, un point c'est tout !

À l'époque du doute scientifique, de la téléréalité, de la psychologie populaire et de la rectitude aussi bien politique que religieuse, il n'est pas évident d'aborder les choses d'un point de vue qui nous oblige à remettre en perspective le mode de vie et de pensée que nous inculquent les médias et les gourous de notre temps. Cela dit, il ne s'agit pas de « croire » aveuglément, mais bien plutôt d'aiguiser notre intelligence à un autre ordre de réalité. Il convient donc d'approcher la lecture de l'ouvrage sans craindre de retourner aux sources, de s'ouvrir à une autre façon d'envisager les problèmes de l'existence et, qui sait, de redéfinir nos schèmes de référence.

Les personnes intéressées par la matière de cet ouvrage peuvent directement me soumettre leurs questions et leurs commentaires par courriel à l'adresse suivante : *approche@videotron.ca*.

Quant à ceux et celles qui voudraient consulter l'édition intégrale de la *Shri Ishopanishad* pour en faire une étude plus poussée, ils peuvent s'adresser au Bhaktivedanta Book Trust (www.krishna.com).

Pierre Corbeil

INTRODUCTION

Adaptée d'une conférence d'A.C. Bhaktivedanta Swami Prabhoupad, donnée le 6 octobre 1969 au Conway Hall, à Londres.

Mesdames et messieurs, nous parlerons aujourd'hui de l'enseignement des *Védas*. Tout d'abord, que sont les *Védas* ? En sanskrit, le mot *véda* signifie « connaissance », et les *Védas* sont les textes qui contiennent le savoir originel. En fait, toute connaissance provient des *Védas*.

Tous les êtres qui se trouvent sous l'emprise de la matière ont quatre grandes faiblesses.

Premièrement, ils ne peuvent s'empêcher de commettre des erreurs. Prenons l'exemple de Mahatma Gandhi. Il était considéré comme un personnage exceptionnel, et pourtant, il a commis de nombreuses erreurs. L'une d'elles lui a même été fatale. Un de ses proches lui avait demandé de ne pas aller à l'assemblée où il devait se rendre, à New Delhi, ayant appris par des amis qu'il courait un grave danger. Le Mahatma insista tout de même pour s'y rendre, et il fut assassiné. Tant d'autres exemples pourraient illustrer ce principe. Ne dit-on pas, d'ailleurs, que l'erreur est humaine ?

Deuxièmement, ils sont en proie à l'illusion. L'illusion, c'est ce qui nous fait prendre les choses pour ce qu'elles ne sont pas. Le meilleur exemple d'illusion, c'est que tout le monde s'identifie à son corps. Si je vous demande qui vous êtes, vous me répondrez : « Je suis un homme, je suis une femme, je m'appelle Untel, je suis riche, je travaille à tel endroit... » Mais vous êtes dans l'illusion car, en fait, vous n'êtes rien de tout cela. Vous êtes un être spirituel, indépendant de votre corps.

Troisièmement, ils ont tendance à tromper leurs semblables, et cette tendance est profondément ancrée. C'est ainsi qu'un parfait imbécile cherche à se faire passer pour très intelligent. Même si l'on démontre clairement que l'être humain est en proie à l'illusion et qu'il ne peut s'empêcher de commettre des erreurs, il continue à écrire des traités philosophiques et à présenter toutes sortes de théories (« Je crois que… », « Je pense que… »). Mais comme il ne connaît pas sa nature véritable, il ne peut ainsi que tromper les autres.

Quatrièmement, leurs sens sont imparfaits. En général, les gens croient seulement ce qu'ils voient. C'est pourquoi on les entend souvent dire : « Si Dieu existe, montrez-Le moi. » Mais comment peuvent-ils voir Dieu avec les yeux de leur corps ? Si l'on éteignait la lumière dans la pièce où nous nous trouvons, vous ne pourriez même plus voir vos mains. Avec une vision aussi imparfaite, il est impossible de voir Dieu.

Malgré ce que beaucoup de gens peuvent dire, le message des *Védas* ne se limite pas à l'Inde; leurs enseignements sont en effet universels. Par exemple, on y trouve les divisions naturelles de la société, et nous respectons ces divisions car elles s'appliquent partout. Le texte sacré de la *Bhagavad-gita*† nous apprend d'ailleurs qu'elles ont été créées par Dieu Lui-même, ce qui n'est pas très difficile à comprendre puisque aucun être humain, avec ses quatre faiblesses, n'aurait pu inventer des divisions aussi parfaites.

† Se prononce « guita », et non « jita ».

Les 4 faiblesses de l'être conditionné par la matière

- Il ne peut s'empêcher de commettre des erreurs.
- Il est en proie à l'illusion.
- Il a tendance à tromper les autres.
- Ses sens sont imparfaits.

Les *Védas* décrivent ainsi quatre groupes sociaux, selon les tendances et les qualités propres à chaque individu, et ces divisions constituent la fondation de toute société humaine.

Les 4 divisions naturelles de la société

- Les ***brahmanas*** sont ceux qui possèdent la plus grande intelligence; ils connaissent la Vérité Absolue et enseignent aux autres la science de la réalisation spirituelle.
- Les ***kshatriyas*** sont responsables du gouvernement et de la protection des citoyens.
- Les ***vaishyas*** s'occupent du commerce, de l'agriculture et de l'élevage.
- Les ***shoudras*** travaillent de leurs mains et mettent leurs talents au service des autres groupes.

Lorsqu'on étudie attentivement les *Védas,* on s'aperçoit que tous leurs enseignements sont justes. C'est qu'il ne s'agit pas d'un simple recueil de connaissances compilé par des humains. Le savoir védique nous vient en effet du monde spirituel; il nous a été donné par Dieu Lui-même. On qualifie d'ailleurs les *Védas* de *shrouti,* ce qui signifie que le savoir qu'ils contiennent émane d'une source sûre. En cela, on les compare à une mère, car si un enfant veut savoir qui est son père, c'est à sa mère qu'il doit le demander. Personne d'autre ne peut lui fournir cette information de manière sûre, et il ne peut la découvrir par ses propres moyens. De la même façon, pour comprendre ce qui dépasse notre intelligence, notre expérience et nos facultés sensorielles, nous devons nous en remettre aux *Védas.*

Brahma, le premier être créé de notre univers et l'ancêtre de tous ses habitants, a aussi été le premier à recevoir la connaissance védique. Il l'a ensuite transmise à son fils Narada, puis à ses autres fils et disciples, qui l'ont à leur tour communiqué à leurs propres disciples. C'est ainsi que voyage le savoir védique – de maître à disciple –, et la *Bhagavad-gita* nous assure qu'il n'y a pas d'autre façon de le recevoir. Il se peut que nos expériences personnelles nous amènent aux mêmes conclusions, mais imaginez un instant le temps que vous épargnerez en acceptant les enseignements des *Védas* tels qu'ils sont !

Il existe trois façons de prouver une vérité. La première tient à l'expérience directe, et elle ne vaut pas grand-chose dans la mesure où nos sens sont imparfaits. Le soleil que nous observons chaque jour, par exemple, nous semble être un petit disque lumineux, alors qu'il est en fait beaucoup plus grand que la plupart des planètes. Nous ne pouvons donc pas nous fier à notre vision. Si nous voulons réellement apprendre quelque chose sur le soleil, nous devons consulter des ouvrages spécialisés sur le sujet.

Vient ensuite la preuve par raisonnement. Darwin, par exemple, a formulé plusieurs idées sur l'évolution des espèces à partir de ses observations, mais ce ne sont là que des suppositions. Peut-être a-t-il tort, peut-être a-t-il raison, mais d'une manière ou d'une autre, on ne peut parler d'une science exacte.

La meilleure preuve consiste à s'informer auprès d'une source sûre. Si une station de radio ou de télévision vous donne l'horaire de ses émissions, vous l'accepterez tel quel. Vous n'écouterez pas toutes les émissions pour savoir si l'horaire est exact.

LES 3 FORMES DE PREUVE

- ॐ Par expérience directe.
- ॐ Par raisonnement, ou intuition.
- ॐ Par l'approche d'une source sûre.

Si nous ne pouvons même pas atteindre les limites de notre univers, comment pouvons-nous penser que nous atteindrons un jour le monde spirituel par nos propres moyens ? C'est pourquoi les *Védas* enseignent qu'il faut acquérir la connaissance parfaite auprès d'une personne capable de nous la transmettre sans rien y changer, et cette personne est ce qu'on appelle un « maître spirituel ».

Tout bien considéré, il s'avère impossible d'obtenir une connaissance parfaite sans le secours des *Védas* et d'un maître spirituel authentique, car la connaissance spirituelle transcende toutes les autres et provient d'un monde situé au-delà de l'univers matériel que nous habitons.

Il existe réellement un monde spirituel, où les planètes et leurs habitants sont tous éternels. Mais comment en être certain ? Comment vérifier l'exactitude de cette affirmation par nos propres moyens ? C'est tout simplement impossible. Nous devons nous en remettre aux *Védas*. Nous devons, comme tous les grands sages, reconnaître l'autorité suprême de Dieu, qui est à l'origine des *Védas*. C'est de cette façon que nous accéderons à la connaissance parfaite.

Tous les grands sages acceptent le fait que Dieu existe et qu'Il est une personne, ainsi qu'Il l'affirme Lui-même dans la *Bhagavad-gita*. Nous savons naturellement que parmi les spiritualistes, certains croient qu'il n'y a ni forme ni variété dans le monde spirituel. On les désigne du nom d'« impersonnalistes ». Mais celui qui a donné naissance à cette philosophie reconnaît lui-même, dans la conclusion de ses enseignements, que Krishna est Dieu, la Personne Originelle.

Il faut savoir que la connaissance peut s'obtenir de deux manières, soit par déduction ou par induction. Par déduction, nous pouvons, par exemple, conclure sans détour que l'être humain est mortel. Nos parents, nos amis, nos collègues de travail..., tout le monde dit que l'être humain est mortel, et nous acceptons ce fait sans avoir à en faire l'expérience par nous-mêmes. Cette connaissance « descend » jusqu'à nous, et il nous suffit de l'accepter.

Mais si nous préférons élucider la question par nos propres moyens, c'est-à-dire selon la méthode inductive, nous devrons personnellement observer la mort de tous les êtres humains avant d'arriver à une conclusion. C'est ce qu'on appelle la méthode « ascendante ». Il est bien évident que nous ne verrons jamais le bout de nos recherches par cette méthode, car nous ne pourrons nous empêcher de penser qu'il existe peut-être quelque part un humain capable d'échapper à la mort. C'est pourquoi on n'arrive jamais à une conclusion finale lorsqu'on cherche à atteindre la vérité par ses seuls efforts, en utilisant ses sens imparfaits comme instruments de recherche. Il s'agit tout simplement d'un rêve impossible.

LES 2 FAÇONS D'OBTENIR LA CONNAISSANCE

- ॐ Par la méthode « descendante », fondée sur la déduction.
- ॐ Par la méthode « ascendante », fondée sur l'induction.

C'est pour cette raison que nous suivons les enseignements de Krishna tels qu'Il les a formulés, sans rien y changer. Comme nous l'avons expliqué, ce savoir éternel n'est pas affecté par les failles matérielles dont nous sommes victimes, et nous l'acceptons totalement. De cette façon, nous obtenons la connaissance parfaite sans perdre notre temps à faire toutes sortes de recherches.

Un autre texte védique, la *Brahma-samhita,* nous apprend que même en voyageant à la vitesse de la pensée pendant des millions d'années, nous ne pourrions atteindre les limites du monde matériel. Que dire alors du monde spirituel ?

Les avions modernes peuvent atteindre une vitesse de 3 500 km/h, mais la vitesse de la pensée est beaucoup plus grande encore. On peut en effet être assis chez soi et penser à l'Inde, qui se trouve à disons 15 000 kilomètres de là, et le mental nous y transporte en un éclair. Il ne sert à rien de chercher à atteindre le monde spirituel par nos propres efforts. C'est pourquoi les *Védas* nous recommandent fortement – ils disent même que c'est essentiel – d'approcher un maître spirituel authentique, un *acharya*[†].

Qu'est-ce qui fait l'authenticité d'un maître spirituel ? Il doit d'abord avoir lui-même reçu le message des *Védas* d'une personne libérée des dualités matérielles, et il doit ensuite avoir parfaitement réalisé la Vérité Absolue.

La *Bhagavad-gita* affirme que Krishna est cette Vérité Absolue, l'objet ultime du savoir védique. Sa forme, contrairement à la nôtre, n'a ni commencement ni fin; elle est sans faille et elle se multiplie en un nombre illimité d'autres formes. Assis dans cette salle de conférence, nous ne pouvons pas nous trouver en même temps dans nos maisons respectives; mais Krishna, Lui, est partout à la fois. Il peut Se trouver sur Sa planète, dans le monde spirituel, et être en même temps partout ailleurs. Il est omniprésent.

En outre, Il existe depuis toujours puisqu'Il est l'Origine de tout; et pourtant, chaque fois que vous regardez une image de Krishna, vous ne voyez pas un

---

† Se prononce « atcharya ».

vieillard mais un jeune homme de 15 à 20 ans. De par Sa puissance infinie, Dieu ne vieillit jamais.

Mais Dieu est si grand que si vous essayez de Le découvrir par vous-mêmes simplement en étudiant les textes védiques, vous n'y parviendrez pas. Ou si vous y arrivez, ce ne sera que très difficilement. Par contre, si vous vous adressez à Ses dévots, vous n'aurez aucun mal à Le connaître, car ils ont le pouvoir extraordinaire de vous Le faire découvrir.

Au début, il n'y avait qu'un seul *Véda*, et il n'était même pas nécessaire de le lire. En effet, les gens possédaient une si grande intelligence et une mémoire si développée qu'en entendant une seule fois les paroles de leur maître spirituel, ils comprenaient et retenaient parfaitement son enseignement.

Mais il y a environ 5000 ans, le sage Vyasadev a divisé le *Véda* originel en quatre parties pour les gens de l'époque à laquelle nous vivons – l'âge de fer et de la discorde –, et il a mis le tout par écrit. Il savait trop bien que, dans cet âge, la vie humaine serait plus courte, et que la mémoire comme l'intelligence perdraient beaucoup de leur acuité.

Il a même rédigé, à l'intention des personnes moins instruites ou moins intelligentes, des ouvrages plus faciles à comprendre, comme le *Mahabharata*, les *Pouranas* et les *Oupanishads*, remplis d'histoires merveilleuses à travers lesquelles est présentée la Vérité Absolue. Tous ces textes forment ce qu'on appelle aujourd'hui les *Védas*.

Pour les savants, les chercheurs et les philosophes, il a ensuite résumé toute la connaissance védique dans un livre du nom de *Védanta-soutra,* considéré comme l'aboutissement des *Védas*. Mais il n'était toujours pas satisfait de son œuvre. Son maître spirituel, Narada, lui a alors conseillé d'exposer en détail le savoir ultime. Vyasadev a donc finalement écrit le commentaire parfait du *Védanta-soutra,* à savoir le *Shrimad-Bhagavatam*. C'est dans ce livre qu'il dévoile pleinement la nature personnelle de Dieu, Shri Krishna, Celui qui crée, soutient et détruit l'univers matériel, l'Origine de tout ce qui existe et le Père de tous les êtres.

Dieu est une personne, parfaitement consciente et indépendante. Il est le Maître Suprême, tout Lui appartient, et Lui seul jouit pleinement de tout ce qui existe. Telle est la conclusion finale de tous les *Védas*. Et Vyasadev l'a clairement exprimée dans certains écrits essentiels comme la *Shri Ishopanishad,* la *Bhagavad-gita* et le *Shrimad-Bhagavatam*. Ces trois textes sacrés résument parfaitement tout le savoir védique, et nous demandons aux lecteurs sincères dans leur quête de l'Absolu de les étudier avec soin.

Merci.

INVOCATION

L'Être Suprême représente le Grand Tout, parfait et complet en Lui-même. Et parce que Sa perfection est absolue, tout ce qui vient de Lui, comme l'univers matériel, forme aussi un tout complet en soi. Mais cela ne L'empêche pas de demeurer le Grand Tout absolu, même si un nombre incalculable de touts complets émanent de Lui.

L'Absolu est complet en soi

Le Tout Parfait, qu'on appelle également la Vérité Absolue, est Dieu, la Personne Suprême, complète en tous points. Il possède une forme éternelle, Il sait tout et Il jouit d'un bonheur parfait.

Le premier pas vers la réalisation spirituelle consiste à saisir l'aspect éternel de l'Absolu. Cette vision est celle du Brahman impersonnel, du rayonnement infini qui se dégage de Dieu, et elle demeure partielle.

La deuxième étape consiste à réaliser qu'en plus d'exister éternellement, l'Absolu sait tout et voit tout. Cette prise de conscience porte sur le Paramatma, l'Âme Suprême, ou l'aspect de Dieu présent en toute chose et en chaque être, et elle est également incomplète.

La troisième étape consiste à embrasser tous les aspects du Tout Complet, c'est-à-dire l'éternité, la connaissance et le bonheur parfaits, tels qu'ils se manifestent dans la Personne de Dieu, ou Bhagavan†.

LES 3 NIVEAUX DE RÉALISATION SPIRITUELLE

ॐ **Brahman** – l'aspect impersonnel de l'Absolu.
Réalisation que Dieu est éternel, par le rayonnement infini qui émane de Lui.

ॐ **Paramatma** – l'aspect localisé de l'Absolu.
Réalisation qu'en tant qu'Âme Suprême, Dieu sait tout et voit tout, puisqu'Il Se trouve en toute chose et en chaque être.

ॐ **Bhagavan** – l'aspect personnel de l'Absolu.
Réalisation ultime que Dieu possède non seulement l'éternité et la connaissance parfaite, mais aussi le bonheur absolu, dans une forme purement spirituelle.

On peut ainsi comprendre que le Tout Complet possède une forme. S'Il n'avait pas de forme, ou s'il Lui manquait quoi que ce soit par rapport à ce qu'Il a créé, Il ne serait pas complet. Le Grand Tout doit tout inclure, aussi bien ce qui est à notre portée que ce que nous ne pouvons pas comprendre. Sinon, Il serait incomplet.

L'UNIVERS EST COMPLET EN SOI

Les innombrables énergies qui émanent de l'Absolu sont également complètes en elles-mêmes. Cela veut

† Se prononce « Bhagavann ».

dire que l'univers matériel forme lui aussi un tout complet en soi, et les 24 éléments dont il est composé sont parfaitement conçus pour produire tout ce qui est nécessaire à son maintien. Aucune intervention extérieure n'est nécessaire à ce processus. L'univers est ainsi créé pour un certain temps, selon le plan de Dieu, et lorsque ce temps sera écoulé, l'univers sera anéanti, toujours selon le plan de Dieu.

Les 24 éléments matériels

- ॐ Les 5 éléments bruts (la terre, l'eau, le feu, l'air et l'éther).
- ॐ Les 3 éléments subtils (le mental, l'intelligence et l'ego).
- ॐ Les 5 objets des sens (l'odeur, le goût, la forme, le toucher et le son).
- ॐ Les 5 organes de perception (les yeux, les oreilles, le nez, la langue et la peau).
- ॐ Les 5 organes d'action (la bouche, les bras, les jambes, l'anus et les organes génitaux).
- ॐ L'agrégat des 3 influences matérielles à l'état non manifesté (la vertu, la passion et l'ignorance).

L'être vivant est complet en soi

Pendant leur séjour dans l'univers matériel, les êtres vivants, minuscules parcelles complètes du Tout Parfait, ont toutes les chances de réaliser la Vérité Absolue; et s'ils se sentent insatisfaits, c'est seulement parce qu'ils ne possèdent pas une connaissance parfaite du Grand Tout.

De toutes les espèces vivantes, c'est l'être humain qui possède le plus haut niveau de conscience. On n'obtient une forme humaine qu'après de nombreuses morts et renaissances à travers les 8 400 000 formes de vie qui existent dans notre univers. Et si l'être humain ne profite pas de son niveau de conscience supérieur pour se réaliser pleinement en relation avec l'Absolu, les lois matérielles le replongeront dans le tourbillon des morts et des renaissances.

Les 8 400 000 formes de vie

- ॐ 900 000 espèces aquatiques.
- ॐ 2 000 000 d'espèces végétales.
- ॐ 1 100 000 espèces de reptiles.
- ॐ 1 000 000 d'espèces d'oiseaux.
- ॐ 3 000 000 d'espèces de mammifères.
- ॐ 400 000 espèces humaines.

Parce que nous ignorons que la nature est organisée de façon à satisfaire tous nos besoins, nous cherchons à utiliser ses ressources afin de jouir au maximum des plaisirs de ce monde. Or, cette vie centrée sur la satisfaction de nos sens est trompeuse et illusoire, car l'être vivant est incapable de jouir de la vie sans être en communion avec le Grand Tout.

La main, par exemple, est complète en elle-même, mais seulement lorsqu'elle est rattachée au corps. Si on la coupe du corps, elle ressemblera encore à une main, mais elle ne pourra plus remplir ses fonctions naturelles. Et il en va de même pour les êtres vivants. Ils sont d'infimes parcelles du Tout Complet, et lorsqu'ils S'en détachent, tous leurs efforts pour trouver la plénitude ne suffisent pas à les satisfaire.

La vie humaine n'est comblée que lorsqu'on la met au service de l'Absolu. Toute forme de service, que ce soit à la famille, à la communauté, à la nation, à la planète ou même aux autres planètes, demeure incomplète et décevante tant et aussi longtemps qu'elle n'est pas en harmonie avec la volonté du Tout Complet, l'Être Suprême. Mais aussitôt qu'elles agissent en accord avec l'Absolu, les petites parcelles du Tout deviennent également complètes et satisfaites en elles-mêmes.

VERSET 1

L'Être Suprême est le Maître et le Propriétaire de tout ce qui existe dans l'univers, aussi bien de ce qui est animé que de ce qui ne l'est pas. Nous devons donc accepter la part qui nous revient et n'utiliser que ce qui nous est nécessaire, en nous rappelant bien à qui tout appartient.

LES ÉNERGIES DE L'ÊTRE SUPRÊME

La connaissance védique reste infaillible, car elle émane de l'Absolu et nous est transmise par une succession de maîtres authentiques qui remonte à Dieu Lui-même. Or, Dieu n'est pas exposé aux quatre faiblesses propres aux habitants de ce monde. Il n'est pas non plus sujet aux lois de la matière, puisque c'est Lui qui les a créées.

La *Bhagavad-gita* mentionne deux grandes énergies du Seigneur Suprême : l'énergie matérielle et l'énergie spirituelle. Les éléments de la nature, comme la terre, l'eau, le feu, l'air, l'éther, le mental, l'intelligence et l'ego, appartiennent tous à Son énergie inférieure, ou matérielle. Et l'énergie vivante, l'âme, appartient à Son énergie supérieure, ou spirituelle. Tout ce qui existe dans l'univers – les êtres animés aussi bien que la matière inerte – est donc créé par Dieu, et Lui seul en est Maître et Propriétaire.

Les 2 grandes énergies de l'Être Suprême

- ॐ L'énergie matérielle (inférieure), à laquelle appartiennent les 24 éléments de la nature.
- ॐ L'énergie spirituelle (supérieure), à laquelle appartiennent tous les êtres vivants.

L'Être Suprême dirige tout grâce à Son intelligence parfaite. On Le compare au feu, et tout ce qu'Il a créé s'apparente à la lumière et à la chaleur du feu. Le feu produit de l'énergie, sous forme de chaleur et de lumière, et de la même façon, Dieu possède Ses propres énergies. Parce qu'Il est à l'origine de tout et qu'Il sait tout, mais aussi parce qu'Il est le seul à posséder la puissance, la richesse, la gloire, la beauté, le savoir et le renoncement parfaits, Il est le Maître Absolu. Lui seul permet que l'univers existe, et Lui seul est le Bienfaiteur de tous les êtres.

Les 6 perfections de l'Être Suprême

- ॐ La puissance.
- ॐ La richesse.
- ॐ La gloire.
- ॐ La beauté.
- ॐ Le savoir.
- ॐ Le renoncement.

La part qui nous revient

Soyons donc assez intelligents pour comprendre qu'en réalité, personne d'autre que l'Être Suprême ne possède quoi que ce soit. C'est pourquoi nous devrions seulement prendre ce que Dieu nous donne. La vache, par exemple, donne du lait en abondance, mais elle-même ne boit pas de lait. Elle se contente de manger de l'herbe, et les humains peuvent utiliser son lait pour se nourrir. Le plan de Dieu est parfait et nous ne devrions jamais oublier à qui appartient tout ce que nous utilisons.

Prenons un autre exemple, celui de la maison que nous habitons. Nous n'avons créé aucun des matériaux qui ont servi à sa construction (le bois, la pierre, etc.). Nous avons seulement modifié leur forme brute pour ensuite les assembler. Ce verset de la *Shri Ishopanishad* indique qu'aucun homme ne peut créer ces matières premières. C'est l'Être Suprême qui les a mises à notre disposition, et c'est à Lui qu'elles appartiennent. Personne ne peut donc vraiment se dire propriétaire d'une maison simplement parce qu'il a travaillé fort pour la construire.

L'humain veut posséder et contrôler tout ce qui l'entoure, mais cette tendance engendre toutes sortes de conflits entre travailleurs et patrons capitalistes. Ce problème a d'ailleurs pris des proportions planétaires, à tel point que notre monde est aujourd'hui en danger. On se bat comme chien et chat, en espérant que le plus fort gagne. La *Shri Ishopanishad* ne peut pas changer le sort des chiens et des chats, mais elle transmet le message de Dieu aux humains à travers Ses représentants, les saints maîtres. Nous devons donc accueillir la sagesse védique et cesser de nous battre pour des biens matériels, qui de toute façon ne nous appartiennent pas. Apprenons à nous satisfaire des privilèges et des bienfaits que Dieu nous accorde. Car aussi longtemps que les capitalistes, les communistes et les matérialistes de toute autre appartenance se croiront et se diront propriétaires des ressources naturelles qui n'appartiennent en fait qu'à l'Être Suprême, la paix ne sera pas possible.

Ceux qui persistent à vouloir s'approprier des biens qui ne leur appartiennent pas seront tôt ou tard punis par les lois de la nature. La Bombe est entre les mains de tous les camps qui s'opposent, et s'ils refusent de reconnaître que Dieu est le seul maître de tout ce qui existe, il est évident qu'un jour ou l'autre, ils se détruiront mutuellement. S'ils veulent s'en sortir et donner la paix au monde, ils n'ont pas d'autre choix que de suivre les enseignements de la *Shri Ishopanishad*.

Le végétarisme et les lois de la nature

Les hommes et les femmes ne sont pas faits pour se quereller comme chiens et chats. Ils doivent utiliser leur intelligence pour comprendre l'importance de la vie humaine. Lorsque certains animaux en tuent d'autres pour se nourrir, ils ne commettent aucune faute. Mais si un humain tue un animal simplement pour satisfaire sa gourmandise, il enfreint les lois de la nature et il doit en subir les conséquences. Car l'homme doit respecter certaines règles qui ne s'appliquent pas aux animaux.

Certains animaux sont herbivores et d'autres carnivores. Le tigre, par exemple, ne mange pas de végétaux car il est fait pour se nourrir de chair animale. De la même façon, tous les animaux, que ce soit les mammifères, les reptiles, les êtres aquatiques ou les autres, respectent rigoureusement les lois de la nature, établies par Dieu Lui-même. Ils ne sont coupables d'aucune faute en agissant selon leur nature, et c'est pour cette raison que les enseignements védiques ne leur sont pas destinés. Seule la vie humaine comporte des responsabilités.

Cependant, il ne faut pas croire qu'il suffit de devenir végétarien pour être en parfaite harmonie avec les lois de la nature, car les végétaux sont aussi des êtres vivants. Une forme de vie sert à en nourrir une autre; telle est la loi de la nature. Il n'y a donc aucune fierté à être strictement végétarien. Ce qui est important, c'est de reconnaître la suprématie de Dieu.

La conscience des animaux n'est pas suffisamment développée pour apprécier l'existence du Seigneur Suprême. Mais l'être humain, lui, est assez intelligent pour comprendre le fonctionnement des lois de la nature à la lumière des Textes védiques, et il peut en retirer de grands bénéfices. Par contre, s'il en néglige les enseignements, il s'expose à d'énormes risques.

L'homme a donc le devoir de reconnaître la suprématie de Dieu et d'apprendre à Le servir, à se dévouer pour Lui et à tout Lui offrir. Dans la *Bhagavad-gita,* le Seigneur nous dit clairement qu'Il accepte les aliments végétaux que Lui offrent Ses purs dévots. En plus de devenir strictement végétarien, l'être humain doit par conséquent Lui offrir toute sa nourriture. Dans Son infinie bonté, l'Être Suprême sanctifie de telles offrandes et nous permet ensuite de nous en nourrir. Celui qui agit de cette façon devient Son dévot, et remplit parfaitement ses responsabilités humaines. Mais celui qui n'offre pas d'abord sa nourriture à Dieu commet une faute grave, et il s'expose par le fait même à de nombreux malheurs.

Quiconque désobéit volontairement aux lois de la nature, en refusant de reconnaître que tout appartient à l'Être Suprême, commet une faute grave. Or, en s'écartant des lois de la nature et en désobéissant aux instructions du Seigneur, l'humanité se dégrade rapidement. Par contre, ceux qui respectent sobrement ces lois, sans se laisser attirer ou repousser par les objets des sens, seront à nouveau reconnus par Dieu et pourront sans aucun doute retourner à Lui, dans Son royaume éternel.

VERSET 2

Celui qui agit toujours dans cet esprit peut espérer vivre des centaines d'années, car ses actions ne l'enchaînent plus à la loi du karma. En fait, l'être humain n'a aucun autre choix.

La transmigration de l'âme

Personne ne veut mourir. On désire au contraire vivre le plus longtemps possible. Et cette tendance se retrouve non seulement chez l'individu, mais aussi à l'échelle de la famille, de la communauté et de la nation. Toutes les espèces vivantes mènent un dur combat pour leur survie, et les *Védas* nous disent que c'est tout à fait naturel puisque l'âme est éternelle.

Mais tant que l'âme reste emprisonnée par la matière, elle doit successivement passer d'un corps à un autre. C'est ce qu'on appelle la transmigration de l'âme. En d'autres mots, l'âme doit changer de corps parce qu'elle est enchaînée aux conséquences de ses propres actes. Selon les lois de la nature, chacun doit travailler pour vivre. Si nous agissons sans tenir compte des devoirs propres à notre occupation et à notre situation sociale, nous enfreignons ces lois, ce qui a pour effet de nous plonger encore plus profondément dans le cycle des morts et des renaissances.

Toutes les espèces vivantes doivent ainsi naître et mourir de façon répétée. Toutefois, l'être qui obtient un corps humain a la possibilité d'échapper une fois pour toutes à la loi du karma, la loi selon laquelle chaque action, bonne ou mauvaise, produit une réaction de même nature.

LES DIFFÉRENTES FORMES D'ACTION

La *Bhagavad-gita* nous aide à comprendre trois termes importants à ce sujet :

- *Karma* : Il s'agit plus précisément des actions que l'on accomplit en suivant les instructions des Écritures sacrées. Elles élèvent peu à peu leur auteur jusqu'aux planètes supérieures, aussi dites paradisiaques, célestes ou édéniques.
- *Vikarma* : Il s'agit des actions qui résultent d'un mauvais usage de notre liberté, et qui vont par conséquent à l'encontre des Écritures. Elles nous entraînent vers des formes de vie inférieures, sur les planètes dites infernales.
- *Akarma* : Il s'agit des actions qui n'entraînent aucune réaction matérielle, et qui nous libèrent par le fait même de l'engrenage des morts et des renaissances successives.

Parmi ces trois façons d'agir, l'être intelligent choisit celle qui lui permet de rompre les chaînes qui le retiennent prisonnier de la matière. La plupart des gens préfèrent cependant accomplir de bonnes actions afin d'être reconnus, d'améliorer leurs conditions de vie actuelles, ou encore d'aller au Ciel. Mais l'être plus évolué désire se libérer aussi bien de l'action elle-même que de ses conséquences, car il sait très bien que, bonne ou mauvaise, l'action produit toujours de la souffrance. Et la *Shri Ishopanishad* lui enseigne dans ce verset comment s'affranchir une fois pour toutes des conditions de vie matérielles.

LES 4 FORMES DE SOUFFRANCE MATÉRIELLE

- ॐ La naissance.
- ॐ La maladie.
- ॐ La vieillesse.
- ॐ La mort.

Dans la *Bhagavad-gita,* le Seigneur Suprême complète l'enseignement de ce verset en expliquant qu'il est impossible d'atteindre le niveau de l'*akarma* sans d'abord remplir les devoirs qui nous sont prescrits par les Textes védiques. Ces écrits peuvent en effet régler les activités de chaque être humain de manière à ce qu'il accepte graduellement la suprématie de Dieu. Et lorsqu'il prend conscience de l'autorité absolue du Seigneur, il devient purifié, ce qui veut dire que les trois influences matérielles (vertu, passion et ignorance) n'ont plus d'emprise sur lui. Alors seulement il peut s'établir au niveau de l'*akarma* – des actions qui ne l'enchaînent plus à la roue des morts et des renaissances.

UNE QUESTION DE CONSCIENCE

En réalité, l'être humain n'a aucun autre devoir que celui de servir l'Être Suprême avec amour et dévotion. Mais lorsqu'on se trouve dans un état de conscience moins élevé, on ne peut pas directement emprunter le sentier de la dévotion et des activités spirituelles qui permettent de rompre les chaînes du karma.

L'être conditionné a l'habitude d'agir dans le seul but de satisfaire ses sens et ses propres intérêts. Et lorsque ses intérêts s'étendent à la communauté, à la nation ou à l'humanité entière, ils prennent différents noms flatteurs, comme altruisme, socialisme, communisme, nationalisme ou humanisme. Tous ces idéaux en « isme » constituent certainement des formes très attirantes de karma, mais la *Shri Ishopanishad* enseigne que si l'on tient à servir de telles causes, on doit le faire en pleine conscience de Dieu. Il n'y a en effet aucun mal à devenir chef de famille, altruiste, socialiste, communiste, nationaliste ou humaniste, à condition toutefois de placer le Maître Absolu au centre de toutes nos activités.

La *Bhagavad-gita* nous enseigne que les actions centrées sur Dieu sont tellement puissantes que la plus petite d'entre elles peut nous protéger du pire danger. Ce danger, c'est celui de replonger dans le tourbillon des morts et des renaissances, et il guette malheureusement tous ceux et celles qui ne profitent pas de la vie humaine pour retrouver leur identité spirituelle.

La *Shri Ishopanishad* nous conseille donc de centrer toutes nos activités sur l'Être Suprême car, sans Lui, une longue vie ne vaut pas mieux que celle d'un arbre. L'arbre est aussi un être vivant, et il peut vivre plusieurs centaines d'années. Mais quel intérêt y a-t-il à vivre aussi longtemps qu'un arbre, à respirer comme un soufflet, à se reproduire comme un chien ou à manger comme un chameau ? Une vie très simple, lorsqu'elle est centrée sur Dieu, vaut beaucoup mieux et est infiniment plus satisfaisante qu'une vie supposément altruiste ou socialiste sans aucun rapport avec la Vérité Absolue.

De plus, les activités centrées sur Dieu sont profitables même lorsqu'on ne peut pas les mener à terme, car elles nous assurent au moins de reprendre un corps humain dans notre prochaine vie, afin que nous puissions continuer à progresser sur le sentier de la libération.

VERSET 3

Quiconque « tue » l'âme devra renaître sur une des planètes d'infidèles, envahies par l'obscurité et l'ignorance.

Fidèles et infidèles

L'être humain se distingue des animaux par ses responsabilités plus lourdes. On qualifie d'âmes vertueuses les personnes qui ont conscience de ces responsabilités et qui agissent de manière à les remplir. Quant à ceux et celles qui n'en connaissent rien ou qui les négligent, on les qualifie d'âmes impies, ou carrément démoniaques. Partout dans l'univers, les humains appartiennent à l'une ou l'autre de ces deux catégories.

Le *Rig-véda,* une des quatre divisions du *Véda* originel, précise que les âmes vertueuses agissent toujours de façon à s'établir aux pieds pareils-au-lotus de l'Être Suprême, Vishnou, et que leur cheminement est aussi éclairé que la voie tracée par le soleil.

La forme humaine : un don précieux

L'être intelligent doit toujours se rappeler que la forme humaine ne s'obtient qu'après de nombreuses transmigrations de l'âme, réparties sur plusieurs millions d'années. L'univers est parfois comparé à un océan, et le corps humain, à un solide navire destiné à le franchir. Les Textes védiques et les saints maîtres sont comme des capitaines expérimentés qui guident le navire; et les avantages offerts par la forme humaine se comparent aux vents favorables qui peuvent l'aider à voguer paisiblement vers son but. Ceux qui, malgré tous ces atouts, ne profitent pas pleinement de leur forme humaine pour réaliser leur identité spirituelle deviennent des impies, des « assassins de l'âme », et ils sont condamnés à souffrir sans fin dans les ténèbres de l'ignorance. Tel est le danger contre lequel la *Shri Ishopanishad* nous met ici en garde.

LES 2 CATÉGORIES D'ÊTRES HUMAINS

- ॐ Les ***souras*** : âmes fidèles qui suivent la voie tracée par les Textes sacrés.
- ॐ Les ***asouras*** : âmes infidèles qui ignorent les enseignements des Textes sacrés, ou qui refusent de les observer.

Les besoins vitaux des animaux, comme le chien, le porc, le chameau ou l'âne, sont tout aussi importants à leurs yeux que les nôtres le sont pour nous. Mais eux doivent tenter de les combler dans des conditions difficiles, alors que l'être humain se voit offrir par les lois de la nature toutes sortes de facilités pour vivre de façon agréable. C'est que la vie humaine est plus importante que celle des animaux, du simple fait qu'elle comporte de plus lourdes responsabilités. Pourquoi un cadre supérieur jouit-il de plus grands privilèges qu'un simple employé, sinon parce qu'il occupe un poste plus élevé, et que ses fonctions sont plus exigeantes ?

La vraie nature du travail

L'homme moderne, qu'on dit civilisé, se complique le plus souvent la vie dans le seul but de remplir son estomac, comme s'il était un simple animal. Il prétend qu'il n'a pas besoin de réaliser son identité spirituelle, mais il « tue » ainsi son âme, et la civilisation qu'il crée ne parvient pas pour autant à satisfaire ses besoins grandissants. Les lois de la nature sont si puissantes que, même s'il travaille très fort pour améliorer son sort matériel, il doit toujours faire face à la menace du chômage.

Nous devons comprendre que la forme humaine ne nous est pas donnée pour travailler comme des bêtes, mais bien pour nous permettre d'atteindre la perfection de l'existence. Si nous ne concentrons pas nos efforts sur la réalisation spirituelle, les lois de la nature nous obligeront cependant à travailler de plus en plus fort, que nous le voulions ou non. À l'époque où nous vivons, l'homme doit souvent travailler comme une bête – comme s'il vivait déjà sur une des planètes où se retrouvent les infidèles. Mais s'il ne remplit pas les devoirs propres à la forme humaine, il devra bel et bien transmigrer sur une de ces planètes, dont les habitants dégradés se débattent constamment dans l'ignorance et l'obscurité.

La *Bhagavad-gita* nous enseigne que si, malgré un effort sincère, nous ne parvenons pas à réaliser notre identité spirituelle et à raviver la relation qui nous unit à Dieu, nous aurons au moins la chance de renaître dans une famille prospère ou vertueuse pour pouvoir continuer à évoluer spirituellement. Imaginons alors le sort de ceux qui réalisent parfaitement leur identité spirituelle !

Par contre, ceux et celles qui ne se donnent même pas la peine de chercher à connaître Dieu et qui désirent simplement rester dans l'illusion, parce qu'ils sont trop matérialistes et trop attachés aux plaisirs de ce monde, devront assurément descendre dans les régions infernales de l'univers. Tel est l'enseignement de tous les Textes védiques.

Les infidèles font parfois semblant d'être pieux afin d'obtenir divers bienfaits matériels. Mais la *Bhagavad-gita* dénonce les richesses matérielles et le prestige que peut procurer un tel comportement. Ces êtres sans scrupule n'ont aucune idée de ce qu'est la réalisation spirituelle, et ils ne savent rien de l'esprit dévotionnel, qui consiste à tout centrer sur Dieu. Ils sont donc assurés de se retrouver dans les régions les plus obscures de l'univers.

Nous pouvons en conclure que le but de la vie n'est pas seulement de résoudre nos problèmes quotidiens, mais plutôt de trouver une solution définitive aux problèmes fondamentaux auxquels les lois de la nature nous soumettent vie après vie.

VERSET 4

Bien qu'Il ne quitte jamais Son royaume, l'Être Suprême est plus rapide que la pensée; personne n'est plus alerte que Lui. Même les puissants dévas responsables des éléments, comme le vent et la pluie, ne peuvent L'approcher; Il les dirige tous sans avoir à Se déplacer. Aucun être ne peut Le surpasser dans quelque domaine que ce soit.

Où se trouve l'Être Suprême ?

Même les plus grands philosophes, avec toute la vivacité de leur esprit, ne peuvent connaître le Seigneur Souverain, qui est l'Être Suprême. Il ne peut être approché que par Ses dévots, et seulement lorsqu'Il leur accorde Sa grâce. La *Brahma-samhita* enseigne à ce propos que s'ils ne deviennent pas des *bhaktas*, les philosophes resteront toujours infiniment loin de Lui, même s'ils réussissent à parcourir l'univers à la vitesse de la pensée pendant des milliers d'années.

Selon les *Oupanishads*, l'Être Suprême, Dieu, possède Son propre royaume, au-delà de l'univers matériel. Ce royaume, appelé Krishnaloka, Lui sert de résidence permanente, et c'est là qu'Il Se divertit éternellement en compagnie de Ses purs dévots. Mais grâce à Sa puissance inconcevable, Il peut simultanément Se rendre dans n'importe quelle partie de la Création. Le *Vishnou Pourana* compare cette puissance à la lumière et à la chaleur du feu. Tout comme le feu, qui peut répandre sa chaleur et sa lumière dans toutes les directions à partir d'un point unique, l'Être Absolu peut diffuser partout Ses différentes énergies tout en restant dans Son royaume.

Les puissances de l'Être Suprême

Les énergies de Dieu sont innombrables, mais on peut les regrouper sous trois catégories principales : la puissance interne, la puissance marginale et la puissance externe, et chacune d'elles se subdivise à son tour en millions de sous-catégories.

Les 3 puissances de l'Être Suprême

- ॐ La puissance interne, qui gouverne le monde spirituel.
- ॐ La puissance marginale, qui régit tous les êtres vivants.
- ॐ La puissance externe, qui gouverne le monde matériel.

Tous les êtres vivants, y compris les humains et les puissants *dévas* – qui ont le pouvoir de commander aux éléments de la nature (le vent, le soleil, la pluie, etc.) –, sont des manifestations de la puissance marginale de Dieu. Le monde matériel, lui, est créé par Sa puissance externe; et le monde spirituel, où se trouve Son royaume, est l'expression de Sa puissance interne.

Les innombrables énergies du Seigneur Suprême se manifestent partout à travers Ses différentes puissances. Or, comme Il est absolu, il n'y a aucune différence entre Lui et Ses énergies. Et n'allons pas faire l'erreur de croire qu'Il perd Son individualité en étant partout présent à travers Ses énergies. Les humains ont l'habitude de tirer des conclusions selon leur capacité de compréhension limitée, mais il ne faut pas oublier que Dieu n'est pas à la portée de nos facultés intellectuelles. C'est pourquoi les *Oupanishads* nous préviennent que personne ne peut atteindre l'Être Suprême par ses faibles moyens.

La connaissance de l'Être Suprême

Dans la *Bhagavad-gita,* le Seigneur affirme que même les êtres vertueux et les grands sages ne peuvent Le concevoir. Que dire alors des impies qui, déjà en partant, sont incapables de comprendre que l'énergie matérielle agit sous la volonté de Dieu ! Ce verset de la *Shri Ishopanishad* montre très clairement qu'en fin de compte, la Vérité Absolue est une personne, la Personne Suprême; dans le cas contraire, il aurait été inutile de souligner Ses caractéristiques personnelles.

Bien qu'elles soient toutes dotées des mêmes caractéristiques que l'Être Suprême, les infimes parcelles du Seigneur que sont les êtres vivants ne possèdent qu'un champ d'action restreint, et demeurent par conséquent limitées. Les parties d'un tout ne peuvent jamais égaler le tout. C'est pourquoi les minuscules êtres vivants ne peuvent jamais saisir la pleine puissance de l'Être Suprême. Il y a bien des femmes et des hommes ignorants et insensés, soumis à l'énergie matérielle, qui tentent d'imaginer ce que peut être la position transcendantale de Dieu. Mais la *Shri Ishopanishad* les met en garde contre de telles fantaisies sur l'identité de l'Être Suprême; elle leur conseille plutôt de puiser leurs connaissances dans les Écrits védiques s'ils désirent découvrir l'Absolu, car cette source sûre contient déjà tout le savoir concernant la Transcendance.

La liberté d'action

Chaque partie du Tout Parfait possède un certain pouvoir d'action, et le fait d'oublier ses activités en relation avec Lui s'appelle *maya.* C'est pour cette raison que, dès le premier verset, la *Shri Ishopanishad* nous recommande de remplir consciencieusement le rôle qui nous a été assigné par le Seigneur Suprême.

Cela ne signifie pas pour autant que les petites âmes individuelles n'ont aucune initiative propre, car puisqu'elles font partie intégrante de Dieu, la Personne Suprême, elles possèdent nécessairement comme Lui le sens de l'initiative. Et si l'être humain utilise correctement sa liberté d'action, avec assez d'intelligence pour comprendre que tout relève de la puissance de Dieu, il pourra retrouver sa conscience originelle, maintenant oubliée au contact de l'énergie matérielle.

Toutes les aptitudes, tous les talents, proviennent de Dieu, et c'est pourquoi ils doivent être utilisés selon Sa volonté. Pour connaître le Seigneur Suprême, il faut en effet savoir adopter une attitude soumise. La connaissance parfaite suppose la connaissance de Dieu sous tous Ses aspects, ainsi que la connaissance de Ses puissances et de la manière dont elles agissent par Sa volonté. Et ce n'est que dans la *Bhagavad-gita,* l'essence même de toutes les *Oupanishads,* que le Seigneur nous livre personnellement ces enseignements détaillés.

VERSET 5

L'Être Suprême Se déplace sans Se déplacer. Infiniment loin, Il est aussi très proche. Présent en chaque être et en chaque chose, Il est également à l'extérieur de tout ce qui existe.

La nature inconcevable de l'Absolu

Voici un exemple des capacités exceptionnelles de l'Être Suprême, dues à Ses pouvoirs inconcevables. Dans ce verset, trois contradictions apparentes démontrent Sa puissance souveraine : « Il Se déplace et Il ne Se déplace pas », « Il est loin et Il est proche » et « Il est à l'intérieur et Il est à l'extérieur ». Ces affirmations semblent bel et bien contradictoires; si quelqu'un marche, on ne peut en effet dire qu'il ne marche pas. Mais ces contradictions apparentes illustrent simplement la puissance inimaginable de Dieu. Nos facultés intellectuelles sont si limitées que nous sommes incapables de concevoir de tels phénomènes; aussi avons-nous tendance à rabaisser la puissance de Dieu au niveau de notre compréhension.

Il serait faux de prétendre que Dieu n'a pas d'individualité du simple fait que nous sommes incapables de Le voir face à face. C'est afin de réfuter ce genre d'argument que la *Shri Ishopanishad* nous enseigne que l'Être Suprême est à la fois très éloigné et très près de nous. Il habite le monde spirituel; or, si nous ne pouvons même pas concevoir l'immensité de l'univers que nous habitons, comment pourrions-nous imaginer l'existence du monde spirituel, situé bien au-delà du monde matériel ? Et pourtant, le Seigneur peut descendre vers nous en moins d'une seconde, plus vite que l'air ou la pensée. Car, comme nous l'avons vu dans le verset précédent, Sa rapidité est sans égale.

Dieu n'est pas un être ordinaire

Même lorsque Dieu apparaît personnellement devant nous, nous ne Le reconnaissons pas toujours. Il affirme Lui-même dans la *Bhagavad-gita* que lorsqu'Il descend en ce monde, les ignorants se moquent de Lui, Le prenant pour un simple mortel. Mais Il n'est pas un simple mortel, et Son corps n'est pas un produit de l'énergie matérielle. Certains, qui se croient savants, prétendent que Dieu vient sur Terre avec un corps matériel, comme n'importe quel être humain. Mais s'ils mettent le Seigneur Suprême au même niveau que l'homme ordinaire, c'est parce qu'ils ignorent Ses pouvoirs inconcevables.

Les incroyants refusent d'admettre que Dieu peut venir en ce monde, ou alors ils disent que s'Il peut le faire, ce doit être dans un corps matériel. La connaissance de Ses pouvoirs inconcevables nous permet cependant de rejeter cette idée. Et même si le Seigneur choisit de nous apparaître dans une forme faite d'éléments matériels, nous devons savoir qu'il Lui est très facile de transformer ces éléments en énergie spirituelle. Comme l'énergie matérielle et l'énergie spirituelle proviennent toutes deux de la même source, Celui qui les a créées peut en effet les utiliser comme bon Lui semble.

La forme de l'Être Suprême

Pour prendre un exemple, le Seigneur nous apparaît dans les temples sous la forme de la *Mourti,* qui ressemble à une simple statue de pierre, de métal, d'argile ou de bois. Mais cette Divinité n'est pas matérielle. Grâce à Ses pouvoirs inconcevables, Dieu peut recevoir notre service sous n'importe quelle forme, et s'Il accepte tout spécialement de Se manifester dans la *Mourti,* une forme visible à nos yeux imparfaits, c'est pour que nous puissions L'adorer plus facilement. Cela ne veut pas dire pour autant que nous rendons un culte à une idole; c'est Dieu en personne que nous servons et que nous adorons. La *Mourti* n'est pas fabriquée selon les caprices de l'adorateur; elle est en réalité la forme éternelle de Dieu dans toute Sa splendeur. Mais seuls les *bhaktas,* ou dévots sincères peuvent en prendre conscience; les athées en sont incapables.

Dans la *Bhagavad-gita,* le Seigneur dit qu'Il agit envers Ses dévots en fonction de leur abandon à Lui. Il Se réserve le droit de ne pas apparaître à n'importe qui; c'est un privilège qu'Il réserve à ceux qui s'abandonnent complètement à Lui. On peut ainsi comprendre que les âmes soumises n'ont aucune difficulté à L'approcher, tandis que pour les âmes rebelles, Il reste toujours très lointain, hors de portée.

On trouve dans les Écritures sacrées deux mots importants en rapport avec Dieu : *sagouna* (avec attributs) et *nirgouna* (sans attribut). Le mot *sagouna* ne signifie pas que Dieu a des attributs matériels ou qu'Il est soumis aux lois de la nature, mais au contraire que Ses attributs sont tous purement spirituels. Étant donné qu'Il est la Source et le Maître de toutes les énergies, il n'y a aucune différence pour Lui entre l'énergie matérielle et l'énergie spirituelle. L'énergie matérielle agit selon Ses ordres, de sorte qu'Il peut l'utiliser comme bon Lui semble, sans devoir comme nous en subir les influences.

Quant au mot *nirgouna,* il ne signifie pas que la Vérité Absolue est privée de forme, mais plutôt que Ses traits n'ont rien de matériel. Sa forme est celle du Seigneur Originel, Krishna, et elle est éternelle. La Vérité Absolue sous Sa forme impersonnelle – c'est-à-dire la lumière du Brahman – n'est que l'éclat de Son corps spirituel, tout comme les rayons du soleil ne sont que l'éclat du *déva* qui gouverne le soleil.

Dieu est partout

Un jour, le père athée de Prahlad Maharaj, un grand saint âgé d'à peine cinq ans, demande à son fils : « Où est donc ton Dieu ? » « Dieu est partout », lui répond l'enfant. Le père en colère pointe alors du doigt une des colonnes de son palais, et lui demande si Dieu S'y trouve. « Bien sûr », répond le jeune Prahlad. Le roi fracasse aussitôt la colonne et, à sa grande surprise, le Seigneur en sort sous la forme de Nrishingha, l'*avatar* mi-homme mi-lion, qui tue aussitôt le roi impie.

Cette histoire illustre bien le fait que Dieu est présent dans toute Sa Création, et que Ses pouvoirs inconcevables Lui permettent d'apparaître n'importe où pour faire plaisir à Ses dévots. Comprenons ainsi que le Seigneur n'est pas sorti de la colonne sur l'ordre du roi, mais pour répondre au désir de Prahlad, qui était Son dévot. Un athée ne peut forcer Dieu à apparaître, mais pour montrer Sa miséricorde à Son dévot, Dieu peut Se manifester n'importe où et n'importe quand. La *Bhagavad-gita* le confirme en disant que le Seigneur apparaît pour vaincre les incroyants et protéger les croyants. Il est évident que les énergies du Seigneur suffiraient à vaincre les incroyants, mais Il choisit pourtant d'apparaître en personne dans l'univers matériel lorsqu'Il veut faire plaisir à Ses dévots.

La *Brahma-samhita* nous apprend à son tour que Govinda, le Seigneur Originel, pénètre en toutes choses, aussi bien dans le vaste univers matériel que dans l'atome. Il Se manifeste à l'extérieur sous la forme du cosmos, et à l'intérieur sous la forme de l'Âme Suprême. En tant qu'Âme Suprême, Il est témoin de tous nos actes, et c'est Lui qui nous permet d'en récolter les fruits. Ainsi, même si nous oublions ce que nous avons fait dans nos vies passées, nous devons tout de même subir les conséquences de nos actes, parce que Dieu en a été témoin.

En fait, il n'y a que Dieu, à l'intérieur comme à l'extérieur de tout ce qui existe. Tout n'est qu'une manifestation de Ses diverses énergies, comme la chaleur et la lumière sont des manifestations du feu. Cela revient à dire que Dieu et Ses énergies ne font qu'Un. Et pourtant, Dieu seul, dans Sa forme personnelle, peut jouir de la diversité de Ses énergies, y compris des plaisirs expérimentés par les êtres microscopiques que nous sommes.

VERSET 6

Celui qui voit tout en relation avec l'Être Suprême ne hait rien ni personne. Il voit Dieu en tout et partout, et il sait que tous les êtres sont d'infimes parcelles de Dieu.

LES NIVEAUX DE DÉVOTION

Ce verset nous donne la description d'une grande âme, qui voit tout en relation avec l'Être Suprême.

Il existe en réalité trois niveaux de perception de Dieu. Ceux qui vont au temple, à l'église ou à la mosquée pour y adorer Dieu selon les recommandations des Saintes Écritures de leur religion se situent au niveau le plus bas. On les désigne sous le nom de *kanishtha adhikaris*.

Ils croient que Dieu n'est présent qu'au lieu du culte, et ils sont incapables d'évaluer le degré de dévotion ou le niveau de réalisation spirituelle des autres croyants. Ils pratiquent leur religion de façon rituelle et routinière, et ils se disputent parfois entre eux, convaincus que leur façon d'adorer Dieu est meilleure que celle des autres. Ces *kanishtha adhikaris* s'efforcent de transcender leurs limites, mais ils sont encore matérialistes. Ce sont eux qui adorent Dieu avec le moins d'amour et de dévotion.

Au niveau intermédiaire se trouvent les *madhyam adhikaris*. Ceux-là peuvent faire la distinction entre quatre types de personnes :

- ❖ Dieu, la Personne Suprême.
- ❖ Les dévots du Seigneur.
- ❖ Les innocents, qui n'ont aucune connaissance de Dieu.
- ❖ Les athées, qui n'ont aucune foi en Dieu et qui détestent Ses dévots.

Ils savent également comment agir avec chacun d'eux. Ils adorent l'Être Suprême, l'objet de leur amour; ils se lient d'amitié avec les dévots du Seigneur; ils essaient d'éveiller l'amour de Dieu qui dort dans le cœur des innocents; et ils se tiennent loin des athées, qui vont jusqu'à se moquer du nom de Dieu.

Enfin, au niveau le plus haut, se trouve l'*outtama adhikari,* capable de tout voir en relation avec l'Être Suprême. Il ne fait aucune distinction particulière entre le croyant et l'athée, car il les voit tous deux comme d'infimes parcelles de Dieu. Pour lui, le *brahmana* et le chien errant sont de même nature; ils ont seulement revêtu des corps différents en raison de leur karma. Il sait que le premier a utilisé au mieux l'indépendance que Dieu lui avait accordée, si bien qu'il a pu obtenir un corps de *brahmana,* alors que le second a été puni par les lois de la nature pour avoir mal utilisé son indépendance. Sans tenir compte des mérites respectifs du *brahmana* et du chien, l'*outtama adhikari* essaie de faire du bien aux deux.

Un dévot d'une telle sagesse ne se laisse pas tromper par l'apparence du corps; il s'intéresse plutôt à l'étincelle spirituelle qui anime chaque être.

Ceux qui imitent l'*outtama adhikari* en parlant de fraternité et de solidarité universelles, mais qui ne s'intéressent en réalité qu'au corps matériel, sont de faux bienfaiteurs. C'est d'un véritable *outtama adhikari* qu'il faut apprendre ce qu'est la fraternité universelle, et non d'un charlatan qui ignore tout de la différence entre l'âme individuelle et l'Âme Suprême.

Les 3 types de dévots de l'Être Suprême

- ॐ Le ***kanishtha adhikari*** : il ne voit Dieu que dans le temple, l'église ou la mosquée.
- ॐ Le ***madhyam adhikari*** : il fait la distinction entre Dieu, les autres dévots de Dieu, les innocents et les athées, et il sait comment se comporter avec chacun d'eux.
- ॐ L'***outtama adhikari*** : il voit tous les êtres comme des parcelles de Dieu et les traite tous comme s'ils étaient ses frères.

L'importance du maître spirituel

Si nous voulons apprendre à « voir » comme l'enseigne ce verset, nous devons nous en remettre à un *acharya*. Nos yeux imparfaits ne nous permettent pas de voir les choses telles qu'elles sont; on peut seulement connaître la vérité lorsqu'on l'apprend d'une source supérieure. Et la sagesse védique, qui vient de Dieu Lui-même, représente la plus haute source de savoir. Or, ce trésor de vérité a été transmis jusqu'à nos jours par une succession continue d'*acharyas* comme Brahma, Narada et Vyasadev.

Les deux Textes védiques les plus importants sont la *Bhagavad-gita* et le *Shrimad-Bhagavatam.* Il existe aujourd'hui plusieurs traductions et commentaires de ces Textes, mais la plupart ne sont pas fidèles à l'esprit dans lequel Vyasadev nous les a transmis. Les enseignements de tous les Textes védiques se recoupent parfaitement, si bien que personne ne devrait essayer d'en tirer ses propres conclusions sans avoir été instruit par un maître spirituel appartenant à la lignée de Vyasadev, ou au moins par quelqu'un qui reconnaît l'existence de Dieu, la Personne Suprême, et de Ses diverses énergies.

La vision parfaite

Selon la *Bhagavad-gita,* seule la personne qui a atteint la libération spirituelle peut devenir un *outtama adhikari* et voir tous les êtres vivants comme ses propres frères. Les politiciens avides de pouvoir et de richesse ne possèdent pas cette vision. Même s'ils font semblant de vouloir unir tous les êtres, ils ne cherchent en fait qu'à servir le corps physique et leurs intérêts personnels. Ils ne rendent aucun service à l'âme et ne possèdent aucune connaissance du monde spirituel.

Le véritable *outtama adhikari* voit l'âme spirituelle en chaque être, et lorsqu'il sert son prochain, c'est à elle qu'il s'adresse. Il comble ainsi du même coup les besoins matériels et spirituels de tous ses frères et sœurs.

VERSET 7

Celui qui voit l'étincelle spirituelle en chaque être, c'est-à-dire l'âme, de nature semblable à celle de l'Être Suprême, voit les choses telles qu'elles sont. Comment donc l'illusion ou l'angoisse pourraient-elles s'emparer de lui ?

La nature spirituelle de l'âme

À part le *madhyam adhikari* et l'*outtama adhikari* – les deux types de dévots les plus évolués dont nous avons parlé dans le verset précédent –, personne ne peut voir la nature spirituelle des êtres vivants.

Tout comme le feu et les étincelles qui s'en échappent ne font qu'un, le Seigneur Suprême et les êtres vivants sont de nature semblable. Mais ils ne sont pas pour autant égaux. Ils sont en effet identiques en qualité, mais pas en quantité. Dans notre exemple, même si les étincelles sont comme le feu, elles ne produisent jamais la même intensité de chaleur et de lumière que le feu lui-même; et c'est ainsi qu'il faut voir les âmes individuelles par rapport à Dieu.

Les grands dévots du Seigneur peuvent voir tout ce qui les entoure comme autant d'énergies de Dieu. Et comme il n'y a pas de différence entre une énergie et sa source, ils peuvent comprendre que tout est Un. Car sans sa lumière et sa chaleur, le feu n'a plus de sens, même si, techniquement parlant, la lumière et la chaleur ne sont pas du feu comme tel. C'est à l'aide des Écritures qu'on développe une telle vision.

Selon les Écritures, chaque étincelle vivante du Tout Parfait possède près de 80 % des caractéristiques connues de l'Être Suprême, mais en toute petite quantité seulement, car elle n'est qu'une parcelle de Dieu. Le rapport qui existe entre l'Être Suprême et les êtres minuscules ressemble également à celui qui existe entre l'océan et la goutte d'eau. Le sel contenu dans la goutte d'eau possède la même composition chimique que celui contenu dans l'océan, mais la quantité n'est pas du tout la même. Les qualités de Dieu sont donc présentes dans l'être vivant, mais dans une proportion infiniment plus faible.

Un intérêt commun

Si l'âme individuelle était égale à Dieu aussi bien en quantité qu'en qualité, jamais elle ne serait tombée sous l'influence de l'énergie matérielle. D'ailleurs, nous avons déjà vu dans les versets précédents que personne, pas même les puissants *dévas*, ne peut égaler l'Être Suprême dans quelque domaine que ce soit. Par conséquent, lorsqu'on dit que l'âme et Dieu ne font qu'Un, cela ne veut pas dire qu'ils sont parfaitement égaux, mais plutôt, dans un sens plus large, que leurs intérêts sont communs, tout comme ceux des membres d'une même famille ou d'une même nation. Dans un cas comme dans l'autre, plusieurs individus différents les uns des autres partagent un intérêt commun: le bien-être de tous. Or, comme tous les êtres forment une grande famille universelle – puisqu'ils sont tous des enfants de Dieu –, les intérêts de l'Être Suprême sont identiques aux leurs. Il n'y a pas de conflit d'intérêts dans la vie spirituelle.

Par nature, tous les êtres, y compris l'Être Suprême, sont faits pour le bonheur éternel. Même lorsqu'ils sont prisonniers d'un corps matériel, les êtres cherchent le bonheur, mais ils ne cherchent pas au bon endroit. Ils ignorent qu'au-delà du monde matériel se trouve le monde spirituel, où le Seigneur et Ses innombrables compagnons et compagnes jouissent d'un bonheur parfait, sans aucune trace d'influence matérielle et sans aucun conflit d'intérêts. Dans le monde matériel, au contraire, tous les êtres sont constamment en lutte les uns contre les autres, car ils ne voient pas que leur bonheur peut seulement venir de Dieu, le Centre de tout. Nous sommes tous faits pour rejoindre Dieu et pour jouir avec Lui d'une vie sans conflit, et celui ou celle qui réalise cette harmonie spirituelle cesse d'être en proie à l'illusion et à la lamentation.

Le bonheur parfait

L'illusion (*maya*) rend la civilisation athée, et une telle civilisation, encouragée par les politiciens modernes, est une source constante d'angoisse et d'affliction. Ainsi le veulent les lois de la nature, et personne ne peut les changer. Seuls ceux et celles qui s'abandonnent aux pieds pareils-au-lotus du Seigneur Suprême peuvent s'en libérer.

Si nous voulons échapper à l'illusion et à l'angoisse, et éliminer du coup tous les conflits d'intérêts, nous devons mettre Dieu au centre de toutes nos activités, et Lui offrir le fruit de notre labeur. Car c'est en servant les intérêts de l'Être Suprême que nous trouverons la satisfaction spirituelle que nous recherchons tous. Dieu est comme un père avec ses enfants, dont l'amour lui procure un grand plaisir. Or, si les enfants se plient à la volonté de leur père, la famille sera unie et heureuse, et l'atmosphère de la maison deviendra fort agréable.

L'Être Suprême, le Param Brahman, est une personne au même titre que les êtres microscopiques. Aucun être vivant n'est impersonnel. Et sur le plan spirituel, toute personne vit éternellement, dans la connaissance et le bonheur parfaits. Telle est notre nature véritable, et quiconque en prend pleinement conscience s'abandonne aussitôt aux pieds pareils-au-lotus de l'Être Suprême, Shri Krishna.

Mais une grande âme comme celle-là est très rare, car il faut plusieurs vies pour atteindre un tel niveau de conscience. Cependant, une fois qu'on l'a atteint, l'illusion, la détresse et les souffrances que nous cause l'existence matérielle disparaissent complètement de notre vie, et nous nous libérons définitivement de la naissance et de la mort. Voilà ce que nous enseigne ce verset de la *Shri Ishopanishad*.

VERSET 8

Une telle personne doit véritablement connaître le plus grand de tous les êtres, le Tout-puissant qui Se suffit à Lui-même, le Philosophe qui sait tout, le Sans-reproche, parfaitement pur et à l'abri de toute souillure. Il ne S'incarne pas dans un corps matériel, et aucune veine ne parcourt Son corps. C'est Lui, l'Être Suprême, qui satisfait depuis toujours les désirs de tous les autres êtres.

Précisions sur la forme de Dieu

Ce verset décrit la forme transcendantale de Dieu, la Personne Suprême et Absolue. Comprenons en effet que l'Être Suprême possède bel et bien une forme, mais qu'elle ne se compare pas à celles qu'on trouve dans l'univers matériel. La nature enveloppe les êtres de ce monde d'un corps qui fonctionne comme une machine, avec un cœur, des poumons, des nerfs et des veines. Mais le corps du Seigneur est complètement différent – « aucune veine ne parcourt Son corps ».

Lorsqu'on dit que Dieu ne S'incarne pas dans un corps matériel, cela signifie qu'il n'existe aucune différence entre Son corps et Son âme; Il n'est pas forcé comme nous de revêtir un corps sous l'influence des lois de la nature. Le corps des âmes emprisonnées par la matière se compose d'éléments bruts et subtils qui n'ont réellement rien à voir avec leur nature spirituelle. Mais dans le cas du Tout Parfait, Son corps, Son esprit et Lui-même ne sont qu'une seule et même chose.

La *Brahma-samhita* contient un verset similaire, expliquant que la forme de Dieu incarne l'existence éternelle, la connaissance et le bonheur parfaits. Son corps est nettement différent du nôtre; toutes les Écritures védiques le confirment. C'est d'ailleurs pour cette raison qu'on dit parfois que Dieu n'a pas de forme, pour insister sur le fait qu'Il n'a pas de corps matériel, et que Sa forme n'est pas visible à nos yeux.

La *Brahma-samhita* explique également que chacune des parties du corps de l'Être Suprême peut remplir les fonctions de toutes les autres. Cela veut dire qu'Il peut voir avec Ses mains ou avec Ses pieds, et qu'Il peut manger avec Ses yeux. Ses bras et Ses jambes sont différents des nôtres, et Il peut S'en servir pour accepter nos offrandes ou Se déplacer plus rapidement que n'importe qui. C'est pourquoi ce verset de la *Shri Ishopanishad* utilise des mots comme « Tout-puissant » pour décrire l'Être Suprême.

Voir Dieu en ce monde

La *Mourti* installée dans le temple par un *acharya* authentique, possédant la vision décrite au verset sept, n'est pas différente de la forme originelle de Dieu, ou Krishna. Le Seigneur Se multiplie à travers un nombre incalculable de formes, toutes aussi divines que Lui. Et la *Mourti* adorée dans le temple est justement une de ces formes. Nous pouvons donc immédiatement entrer en contact avec l'Être Suprême en rendant un culte à la *Mourti,* car Dieu tout-puissant accepte sans reproche le service que Son dévot Lui offre de cette façon. En résumé, la forme du Seigneur apparaît devant nous à la demande d'un saint maître, et elle possède toute la puissance de Krishna Lui-même.

Ceux qui ne connaissent pas les enseignements de la *Shri Ishopanishad* et des autres Textes sacrés croient que la *Mourti* adorée par les dévots du Seigneur est purement matérielle. Ils sont incapables de comprendre que Dieu est tout-puissant, et qu'Il peut ainsi transformer la matière en esprit ou l'esprit en matière comme bon Lui semble. Dans la *Bhagavad-gita,* Krishna déplore d'ailleurs l'ignorance des âmes déchues qui considèrent Son corps comme matériel lorsqu'Il descend sur Terre. Il ne Se montre jamais pleinement à ceux qui ont une vision aussi limitée, car on ne peut L'apprécier que dans la mesure où l'on s'abandonne à Lui. Or, la dégradation de ces ignorants vient du fait qu'ils ont oublié la relation qui les unit à Dieu.

La satisfaction de nos désirs

Ce verset, comme plusieurs autres passages des *Védas,* dit clairement que l'Être Suprême est Celui qui, depuis toujours, subvient aux besoins de tous les êtres. Lorsqu'on a un désir, c'est le Seigneur qui, selon nos mérites, nous permet de le combler. Si quelqu'un veut devenir juge, par exemple, il doit non seulement acquérir les compétences nécessaires, mais aussi obtenir l'appui des autorités concernées. En effet, il ne suffit pas d'avoir reçu une formation appropriée pour devenir juge; il faut également que les autorités en place nous accordent le poste. C'est selon le même principe que le Seigneur récompense chaque être, c'est-à-dire en fonction de ses mérites ou, en d'autres mots, selon la loi du karma. Mais nos mérites ne suffisent pas; nous devons aussi obtenir la grâce du Seigneur.

En général, les êtres influencés par l'énergie matérielle ne savent pas quoi demander au Seigneur, ni quelle position ils devraient chercher à occuper. Égarés, ils Lui demandent de satisfaire toutes sortes de désirs. Mais dès qu'ils reprennent conscience de leur vraie nature, ils Lui demandent seulement de les ramener auprès de Lui afin qu'ils puissent Le servir avec amour et dévotion.

La *Bhagavad-gita* décrit l'intelligence matérielle comme étant dispersée, alors que l'intelligence spirituelle se concentre sur un seul but. Le *Shrimad-Bhagavatam* ajoute que les êtres fascinés par les beautés passagères de l'énergie matérielle oublient le vrai but de l'existence, qui est de retourner à Dieu. Ils font alors toutes sortes de plans pour améliorer leur situation matérielle, sans savoir qu'en agissant ainsi, c'est comme s'ils essayaient de trouver encore un peu de saveur dans une vieille gomme à mâcher jetée aux ordures. Mais le Seigneur est si bon qu'Il les laisse faire ce qu'ils veulent, sans leur mettre de bâtons dans les roues. Si quelqu'un veut vivre en enfer, l'Être Suprême satisfait son désir, tout comme Il répond à l'appel de celui ou celle qui veut retourner auprès de Lui, dans le monde spirituel.

Ce verset décrit Dieu comme le plus grand de tous les êtres, l'Être Suprême. Par rapport à Lui, tous les autres êtres sont comme des mendiants dont Il comble les besoins et les désirs. Si nous étions aussi puissants que Dieu, et si, comme Lui, nous connaissions tout, nous n'aurions pas besoin de Lui demander quoi que ce soit, pas plus que nous n'aurions besoin de chercher à nous libérer de l'emprise de l'énergie matérielle.

La vraie libération, pour les êtres microscopiques que nous sommes, consiste à retourner auprès de Dieu. Toute autre forme de libération, comme celle dont rêvent les impersonnalistes, n'est que chimère. C'est pourquoi tant que nous ne retrouverons pas nos esprits et que nous ne reprendrons pas conscience de notre nature originelle et éternelle, nous devrons continuer à mendier.

La pureté absolue

Quant à l'Être Suprême, Il Se suffit parfaitement à Lui-même, et toutes Ses actions sont absolument irréprochables. Il est également pur, et rien ne peut Le souiller, à tel point que tout ce qui entre en contact avec Lui devient purifié. On Le compare d'ailleurs au soleil, qui reste toujours pur même lorsqu'il absorbe l'humidité des marais ou les odeurs qui s'échappent des déchets. Or, si le soleil, qui est un objet matériel, possède un tel pouvoir, imaginons quelles peuvent être la puissance et la pureté de Dieu !

La *Bhagavad-gita* précise à ce sujet qu'un dévot du Seigneur, lorsqu'il est sérieux et sincère, doit toujours être considéré comme pur, car il est engagé sur la bonne voie, même si au début il ne semble pas toujours agir correctement. Que dire alors du Seigneur Lui-même ? Il ne peut pas être touché par le mal, et toutes Ses actions sont bonnes, même si nous avons parfois l'impression qu'il en est autrement.

VERSET 9

Ceux qui se vouent au progrès matériel s'enfoncent dans les plus obscures régions de l'ignorance. Mais le sort de ceux qui cultivent un faux savoir spirituel est plus terrible encore.

L'IMPORTANCE DE L'ÉDUCATION

L'ignorance est sans aucun doute dangereuse, mais la connaissance l'est encore plus lorsqu'elle est faussée ou mal utilisée.

Ce verset de la *Shri Ishopanishad* s'applique on ne peut mieux à la société actuelle. Car, s'il est vrai que la civilisation moderne a fait de grands progrès dans l'éducation des masses, il est tout aussi vrai que les gens sont de plus en plus malheureux, parce qu'on met trop l'accent sur le développement matériel, sans s'intéresser le moins du monde à l'aspect spirituel de l'existence, qui est le plus important.

La vraie connaissance consiste à savoir – comme l'explique si bien le premier verset – que tout appartient à l'Être Suprême; et l'ignorance, à l'oublier. Or, plus on l'oublie, plus on s'enfonce dans l'obscurité. À partir de là, on peut facilement comprendre qu'une civilisation où l'on se moque de Dieu tout en favorisant une éducation trompeuse est encore plus dangereuse qu'une civilisation où les gens semblent moins instruits.

Savoir appeler les choses par leur nom

On trouve, dans la société, trois types de personnes.

Les 3 types d'êtres humains

- ॐ Les ***karmis*** : ceux qui agissent dans le but de satisfaire leurs sens matériels.
- ॐ Les ***gyanis*** : ceux qui font des études philosophiques pour comprendre le but de l'existence.
- ॐ Les ***yogis*** : ceux qui pratiquent différentes formes de yogas pour se libérer de l'emprise de la matière.

De nos jours, pratiquement 99,9 % des gens appartiennent au premier groupe. Que ce soit au nom du développement industriel ou économique, de la politique, ou même de grandes causes humanitaires, ils ne cherchent en fait que leur satisfaction personnelle, sans aucun souci de la conscience divine décrite dans le premier verset.

Or, la *Bhagavad-gita* décrit ceux qui s'adonnent bêtement aux plaisirs des sens comme des ânes ignorants et stupides. Dans le même esprit, la *Shri Ishopanishad* estime qu'une civilisation ne s'intéressant qu'aux plaisirs matériels rend un véritable culte à l'ignorance. Et ceux qui encouragent le progrès matériel au nom de la science et de la culture font encore plus de mal que les ignorants. On les compare à des cobras, et les connaissances trompeuses qu'ils répandent en faisant abstraction de Dieu sont comme des joyaux posés sur leur tête; mais avec ou sans décoration, un cobra reste toujours aussi venimeux.

Un autre Texte védique, le *Hari-bhakti-soudhodaya,* compare l'instruction et le progrès des athées à des ornements sur un cadavre. En Inde, comme dans plusieurs autres pays, certaines personnes observent une coutume qui consiste à décorer les morts pour ensuite les porter en procession au milieu de la famille en peine, espérant ainsi soulager leur tristesse. De même, la civilisation moderne essaie seulement de camoufler les souffrances constantes de la population par toutes sortes de distractions. Mais toutes ces activités tournent autour de la satisfaction des sens, alors qu'au-delà des sens se trouvent le mental, puis l'intelligence, et enfin l'âme. Le but de l'éducation doit donc être la réalisation de l'âme et des valeurs spirituelles qui lui sont chères. Sinon, les éducateurs ne font que cultiver l'ignorance.

Les faux maîtres

Les faux éducateurs, ou faux maîtres, se divisent en quatre catégories :

- Ceux qui donnent leur propre interprétation des *Védas*. Ils se présentent comme de grandes autorités, mais passent complètement à côté du but même des *Védas*. La *Bhagavad-gita* enseigne que le but de tous les Textes védiques est de connaître Dieu, la Personne Suprême, mais ces charlatans ne s'intéressent pas du tout à Dieu; ils sont beaucoup plus fascinés par les planètes paradisiaques et toutes sortes d'autres promesses de bonheur matériel. Le but final des *Védas* est de nous ramener à Dieu, et toutes les Écritures du monde enseignent le même principe sous une forme ou une autre.

Au lieu de s'intéresser au vrai sens des Textes révélés, ces interprètes capricieux prétendent que le but des *Védas* s'arrête au plaisir matériel, que ce soit sur Terre ou sur les planètes célestes. Ils ne pensent pas un instant que c'est justement le désir de jouir sans restriction de leurs sens qui, dès le départ, les a enchaînés à la matière !

De tels imposteurs égarent donc les autres en interprétant faussement les Textes védiques et en négligeant l'autorité des vrais maîtres, les *acharyas*. Ils donnent à chaque mot des *Védas* le sens qui leur plaît, et nomment parmi eux un prétendu *gourou* sans scrupule qui n'appartient à aucune lignée authentique. En agissant de la sorte, ils sombrent plus bas encore que ceux qui ne savent rien des *Védas*.

❖ Ceux qui se prennent pour Dieu. Ils acceptent volontiers de vénérer un homme riche pour s'attirer ses faveurs, mais ils refusent catégoriquement d'adorer l'Être Suprême, puisqu'ils se croient eux-mêmes Dieu. Ils ne se rendent pas compte à quel point ils se trompent en se prenant pour Dieu, car Dieu, par définition, ne peut pas subir l'influence de l'illusion. S'il en était autrement, l'illusion serait plus puissante que Dieu ! Or, ils disent eux-mêmes que Dieu est tout-puissant. Comment se fait-il donc qu'ils soient victimes de l'illusion, s'ils sont Dieu ? Naturellement, ils ne peuvent pas répondre à ces questions, mais ils continuent tout de même à se prendre pour Dieu.

- Ceux qui se montrent ouvertement athées et démoniaques. Certains d'entre eux déclarent que Dieu ne peut pas descendre dans l'univers matériel, sans toutefois pouvoir dire ce qui L'en empêcherait. D'autres prétendent qu'Il vient du Brahman impersonnel, alors que la *Bhagavad-gita* établit clairement le contraire. Comme ils envient l'Être Suprême, ces mécréants s'inventent toutes sortes d'*avatars*, tous plus faux les uns que les autres, et refusent de s'abandonner à la Personne Suprême, Shri Krishna, c'est-à-dire Dieu, tel que Le reconnaissent les Écritures et les grands *acharyas*.

- Les plus déchus de tous les humains. On retrouve dans ce groupe aussi bien ceux qui respectent certains principes moraux en négligeant la spiritualité, que ceux qui prétendent suivre une religion tout en ignorant Dieu. Aucun d'eux ne réussit à retrouver la relation qui l'unit éternellement à l'Être Suprême. Or, comme la société moderne n'offre vraiment aucun moyen de raviver sa conscience de Dieu, on peut dire que la population du globe appartient presque entièrement à ce groupe.

En conclusion, si nous voulons sortir de l'ignorance et cultiver la science qui nous permettra d'atteindre le but de l'existence, nous devons savoir qu'aucun de ces faux maîtres ne peut nous aider; il nous faut accepter les Écritures telles qu'elles sont, telles que nous les présentent les grands *acharyas*.

VERSET 10

Les sages nous ont expliqué que la culture du savoir spirituel donne des fruits différents de celle de la connaissance matérielle.

Les 18 principes qui mènent au vrai savoir

Le 13e chapitre de la *Bhagavad-gita* nous enseigne concrètement la méthode à suivre pour acquérir le vrai savoir. Elle nous dit que, pour y arriver, il nous faut apprendre à :

- Agir avec noblesse et générosité, et respecter les autres comme il se doit.
- Éviter de s'afficher comme un spiritualiste dans le seul but d'obtenir la gloire et la renommée.
- Éviter de faire du mal à autrui par ses actes, ses paroles ou ses pensées.
- Être tolérant, même lorsqu'on nous provoque.
- Éviter la tromperie dans ses rapports avec autrui.
- Trouver un maître spirituel capable de nous faire progresser jusqu'à la réalisation spirituelle, puis nous en remettre à lui en le servant et en lui posant des questions pertinentes.

❖ Observer les principes régulateurs recommandés par les Écritures pour quiconque désire évoluer spirituellement.

Les 4 principes régulateurs de base

- ॐ Ne consommer ni viande, ni poisson, ni œufs.
- ॐ Ne prendre aucune substance stimulante ou enivrante (drogues, alcool, café, tabac...).
- ॐ N'avoir aucune relation sexuelle en dehors des liens du mariage.
- ॐ Ne pas s'adonner aux jeux de hasard, ni à quelque forme de spéculation que ce soit (monétaire ou intellectuelle).

❖ Assimiler et mettre en pratique les enseignements des Écritures révélées.

❖ Éviter toute activité qui pourrait nuire à notre progrès spirituel.

❖ Accepter seulement ce dont notre corps a besoin pour sa subsistance.

❖ Éviter de nous identifier au corps matériel, et de nous imaginer que tout ce qui l'entoure nous appartient.

❖ Toujours nous rappeler que, tant et aussi longtemps que nous aurons un corps matériel, nous devrons faire face aux souffrances que nous causent la naissance, la maladie, la vieillesse et la mort, qu'il ne sert à rien d'échafauder toutes sortes de plans pour échapper à ces souffrances, et que la meilleure chose que nous puissions faire consiste à retrouver notre identité spirituelle et éternelle.

❖ Éviter de nous attacher à plus de commodités matérielles que nous n'en avons besoin pour notre évolution spirituelle.

❖ Éviter de nous attacher à notre conjoint(e), à nos enfants et à notre foyer au-delà de ce que recommandent les Écritures.

❖ Rester d'humeur égale malgré les caprices de notre mental, que traversent des pensées parfois joyeuses et parfois douloureuses.

❖ Devenir un dévot inconditionnel du Seigneur Souverain, Shri Krishna, et Le servir avec amour de tout notre être.

❖ Cultiver le désir de vivre dans un endroit retiré, calme et paisible, favorable au développement spirituel, et éviter par le fait même les lieux grouillant d'activité où s'assemblent les non-dévots.

❖ Faire des recherches scientifiques ou philosophiques dans le domaine spirituel plutôt que dans le domaine matériel, en sachant que le savoir spirituel est éternel alors que la connaissance matérielle disparaît avec la mort de notre corps.

Ces 18 principes sont conçus pour nous aider à atteindre graduellement le plus haut des savoirs. Lorsque nous ignorons ou négligeons ces principes, nos actions nous plongent de plus en plus dans l'ignorance. Shrila Bhaktivinode Thakour, un grand *acharya,* disait d'ailleurs à ce sujet que la connaissance matérielle sous toutes ses formes n'est en fait qu'une manifestation trompeuse de l'énergie illusoire, et que ceux qui la cultivent deviennent aussi bêtes que des ânes. La *Shri Ishopanishad* dit exactement la même chose lorsqu'elle explique qu'en se vouant au progrès matériel, l'être humain s'enfonce dans l'ignorance comme un vulgaire animal.

L'envers de la médaille

Certains personnages politiques se font passer pour des spiritualistes ou des défenseurs de la religion, et accusent la société moderne d'être satanique. Mais ils ne font aucun effort pour cultiver le vrai savoir, tel que l'enseigne la *Bhagavad-gita,* de sorte qu'ils ne peuvent rien changer à la situation actuelle.

Aujourd'hui, même les enfants se croient indépendants, et ils ne montrent plus aucun respect à leurs aînés. Les écoles et les universités leur donnent une fausse éducation, si bien qu'ils causent de nombreux maux de tête aux adultes. En fait, les établissements d'enseignement sont devenus de véritables temples de l'ignorance, et les « savants » qu'elles fabriquent, avec toutes leurs prétendues connaissances, ne réussissent qu'à détruire le monde.

Les étudiants ne reçoivent plus aucune éducation sur les principes régulateurs de la vie spirituelle, et ils ont perdu toute foi dans les Écritures. Même s'il arrive qu'on leur donne des cours de morale et de religion, c'est dans un esprit purement théorique, sans aucune application pratique. Il n'est donc pas surprenant qu'on assiste à toutes sortes de conflits, non seulement sur le plan politique ou social, mais aussi sur le plan religieux.

Nous oublions que notre planète n'est qu'une boule de matière insignifiante flottant dans l'espace comme une multitude d'autres corps célestes. Dans l'immensité du cosmos, ces masses impressionnantes à nos yeux sont en fait comme des poussières dans le vent. Si elles flottent et se déplacent dans un ordre parfait, c'est parce que Dieu leur a donné tout ce qu'il faut pour se maintenir et suivre leur cours. Nos savants sont très fiers de leurs satellites, mais ils ne s'intéressent pas au Savant Suprême, qui a créé des satellites beaucoup plus impressionnants que les leurs !

Divers systèmes planétaires entourent les innombrables soleils qui flottent dans l'espace. Et nous, minuscules créatures, parcelles microscopiques de l'Être Suprême, nous essayons vie après vie de dominer l'univers entier, alors que nous sommes constamment frustrés dans nos efforts par la vieillesse et la maladie.

De nos jours, les humains ne vivent guère plus de 100 ans, et leur longévité va peu à peu être réduite jusqu'à 20 ou 30 ans seulement. Mais sous l'effet du progrès matériel et d'une éducation trompeuse, ils sont devenus si insensés qu'ils font mille et un plans pour transformer leur petit coin de terre en paradis, même s'ils doivent pour cela écraser leur voisin. L'angoisse et la peur qui en résultent poussent chaque pays à investir jusqu'à la moitié de ses ressources, et parfois davantage, dans l'armement et la défense nationale. Et les dirigeants, qui ne font aucun effort pour cultiver le vrai savoir, continuent de se flatter en essayant de nous convaincre que la société est en progrès, tant sur le plan matériel que sur le plan spirituel.

Le vrai maître spirituel

La *Shri Ishopanishad* nous met en garde contre un système d'éducation aussi dangereux, et la *Bhagavad-gita* nous montre concrètement comment cultiver le vrai savoir. Ce verset précise par ailleurs que nous devons recevoir une telle connaissance d'un *dhira,* d'une personne qui n'est pas sous l'influence de l'illusion matérielle. Seul l'être parfaitement conscient de son identité spirituelle peut atteindre une telle paix intérieure, et cesser de désirer ce qu'il n'a pas ou de pleurer ce qu'il a perdu. Il sait que le corps et le mental qu'il a obtenus en entrant en contact avec la matière sont totalement étrangers à son vrai moi, et il les utilise du mieux qu'il peut pour cultiver la science de l'âme.

Contrairement au monde spirituel, où l'âme vit pleinement, l'univers matériel est un monde mort. S'il semble vivant et en mouvement, c'est seulement parce que les étincelles vivantes animent la matière inerte. Le *dhira* connaît cette science pour l'avoir apprise d'une autorité supérieure et pour l'avoir réalisée en observant les principes régulateurs de la vie spirituelle. Elle se transmet en effet de maître à disciple, non pas de façon capricieuse ou à travers une éducation faussée, mais selon les règles prescrites par les Écritures. Le disciple doit se montrer aussi humble qu'Arjouna – le premier à recevoir l'enseignement de la *Bhagavad-gita* –, et le maître spirituel doit être aussi qualifié que Krishna Lui-même. Il n'y a pas d'autre moyen d'obtenir le vrai savoir.

Les dirigeants modernes peuvent toujours se faire passer pour de grands maîtres, mais parce qu'ils n'ont reçu aucune éducation spirituelle, ils ne sont qualifiés ni pour instruire ni pour gouverner. Ils ne s'intéressent qu'à la gloire et à leur portefeuille, et ils sont incapables de guider les masses vers la perfection de l'existence, à savoir la réalisation spirituelle. Ne nous laissons pas tromper par eux, et approchons plutôt un vrai *dhira*.

VERSET 11

Celui qui réussit à cultiver le savoir spirituel tout en remplissant ses devoirs matériels est le seul à pouvoir se libérer de la répétition des morts et des renaissances. Lui seul, et nul autre, peut jouir pleinement de l'immortalité.

Vaincre la mort

Depuis que l'univers existe, tout le monde cherche à devenir immortel, mais les lois de la nature sont si implacables que personne n'a jamais pu échapper à la mort. Il est évident que nul ne veut mourir, ni vieillir ou tomber malade. Mais les lois de la nature n'épargnent personne, et les progrès de la science n'ont jamais réussi à résoudre ces problèmes. Les savants sont certes parvenus à accélérer la mort, avec des inventions comme la bombe atomique, mais ils sont incapables de nous protéger des griffes de la maladie, de la vieillesse ou de la mort.

Les *Pouranas* nous parlent d'un roi impie du nom de Hiranyakashipou, qui croyait vaincre la mort grâce à ses pouvoirs matériels. Par des austérités inimaginables, il avait en effet obtenu des pouvoirs surnaturels d'une telle puissance qu'il dérangeait complètement tous les systèmes planétaires. À tel point qu'il força le régent de l'univers, Brahma, à descendre jusqu`à lui pour lui donner l'immortalité. Mais Brahma ne pouvait pas lui accorder cette bénédiction, car lui-même, le plus grand de tous les *dévas*, celui qui gouverne toutes les planètes de notre univers, n'est pas immortel. Comme l'explique la *Bhagavad-gita*, il vit extrêmement longtemps, mais il doit lui aussi mourir un jour.

Hiranya veut dire « or », et *kashipou* se traduit par « lit moelleux ». Ce sont ces deux choses qui intéressaient le roi : l'argent et les femmes; et il se disait qu'en devenant immortel, il pourrait en jouir indéfiniment. Il essaya donc, par la ruse, d'obtenir de Brahma toutes sortes de bénédictions qui, en fin de compte, le rendraient immortel. Il insista par exemple pour qu'aucun homme, ni animal, ni *déva*, ni aucun être appartenant aux 8 400 000 formes de vie, ne puisse le tuer. Il demanda également de ne mourir ni sur la terre ferme, ni dans les airs, ni sur l'eau. Il s'assura encore qu'aucune arme ne pourrait le frapper mortellement. Et Brahma lui accorda tous ses désirs.

Mais malgré toutes ces précautions, grâce auxquelles il se croyait immortel, il rencontra bel et bien la mort. C'est Dieu en personne qui vint le tuer, dans Sa forme mi-homme mi-lion qui n'appartient à aucune espèce connue. Pour le tuer, Il utilisa Ses griffes, qui ne sont pas une arme à proprement parler. Et le roi ne mourut ni sur la terre ferme, ni dans les airs, ni sur l'eau, mais sur les genoux du Seigneur, dans cette forme fabuleuse qu'Hiranyakashipou n'aurait jamais pu imaginer.

La morale de cette histoire est que même le plus puissant des matérialistes, malgré les machinations les plus infernales, ne peut échapper à la mort. Que dire alors des petits Hiranyakashipou d'aujourd'hui, dont les plans sont déjoués à chaque instant ? C'est pourquoi la *Shri Ishopanishad* nous enseigne de ne pas essayer de vaincre les lois de la nature en comptant sur le progrès matériel. La seule façon de devenir immortel, c'est de retourner à Dieu.

Des guides précieux

Pour connaître la science spirituelle du retour à Dieu, nous devons consulter les Écritures, comme les *Oupanishads*, la *Bhagavad-gita* et le *Shrimad-Bhagavatam*. Ces Textes nous enseignent comment vivre heureux en ce monde pour ensuite, après avoir quitté notre corps, obtenir une vie éternelle encore plus merveilleuse.

Les âmes conditionnées par la matière ont oublié leur relation éternelle avec Dieu, et elles croient faussement qu'il n'existe rien d'autre que ce monde où elles ont pris naissance. C'est donc pour leur rappeler que leur demeure véritable n'est pas ici que l'Être Suprême leur a donné les Écritures – en Inde, les Textes védiques, et dans d'autres parties du monde, d'autres Écrits révélés. L'être vivant est de nature spirituelle, et il ne peut trouver le bonheur qu'en retournant à Dieu, dans sa demeure spirituelle.

De Son royaume, Dieu envoie généralement Ses serviteurs les plus intimes pour répandre la connaissance qui permet aux âmes conditionnées de retourner à Lui. Mais à l'occasion, il Lui arrive aussi de venir accomplir cette mission en personne. Car, nous sommes tous Ses enfants bien-aimés, et Il a encore plus de peine que nous en voyant toutes les souffrances auxquelles nous nous exposons continuellement dans le monde matériel. Or, ces souffrances servent elles-mêmes à nous rappeler que nous ne sommes pas faits pour vivre dans la matière. Les hommes et les femmes d'intelligence en prennent conscience, et ils ne tardent pas à cultiver le savoir spirituel tout en poursuivant leurs activités quotidiennes.

Le piège de l'illusion

Le progrès matériel, qui vise uniquement à satisfaire nos sens, entretient la répétition des morts et des renaissances. Mais l'être vivant, de nature spirituelle, n'est lui-même sujet ni à la naissance ni à la mort; ces phénomènes ne touchent que le corps, ou l'enveloppe matérielle de l'âme. Lorsque nos vêtements sont trop usés, nous les changeons pour des neufs; et de la même façon, au moment de la mort, l'âme spirituelle passe d'un corps à un autre.

Mais les êtres trop absorbés dans la poursuite du progrès matériel ne s'intéressent pas à la transmigration de l'âme, et ils continuent de se laisser ensorceler par la beauté trompeuse de l'énergie illusoire. Ils ne comprennent pas les leçons que leur inculquent à répétition les lois de la nature, et ils sont obligés de revenir dans ce monde matériel vie après vie pour y retrouver les mêmes souffrances et les mêmes frustrations.

Le développement spirituel est essentiel pour l'être humain. Il doit absolument apprendre à surmonter ses faiblesses et arrêter de satisfaire sans restriction les moindres désirs de ses sens matériels. Cette maladie de l'âme conditionnée est très grave, car c'est elle qui la plonge dans l'ignorance la plus profonde et qui l'expose à la mort.

La fièvre matérielle

En fait, nous avons aussi des sens spirituels, mais ils sont présentement voilés par notre enveloppe corporelle. Tous les plaisirs que nous procurent nos sens matériels ne sont en réalité qu'un pâle reflet de nos divertissements spirituels. Il n'est pas normal pour l'âme spirituelle d'être emprisonnée dans un corps matériel, et si elle veut réellement jouir de ses sens spirituels, elle doit guérir de sa maladie en retrouvant sa forme véritable, éternelle, purifiée de toute souillure matérielle.

Le but de la vie humaine n'est donc pas de s'abandonner aux plaisirs trompeurs de ce monde, mais plutôt de guérir une fois pour toutes de la fièvre matérielle. Ceux et celles qui aggravent le mal font preuve d'une grande ignorance. Lorsqu'on a 40° de fièvre, on n'essaie pas de la faire monter à 42°, mais plutôt de la ramener à la normale, soit à 37°. Voilà le but de la vie humaine.

Mais la civilisation moderne fait rapidement monter notre fièvre matérielle avec toutes ses inventions plus dangereuses les unes que les autres, à tel point que tous les gouvernements de la Terre redoutent maintenant une guerre nucléaire. Ce n'est même plus de la fièvre, mais de la folie pure.

Voilà ce qui arrive lorsqu'on se voue au progrès matériel sans s'occuper de l'aspect le plus important de notre vie, qui est le savoir spirituel. C'est pourquoi la *Shri Ishopanishad* nous prévient de ne pas marcher tout droit vers l'échafaud; nous devons absolument cultiver le savoir spirituel si nous voulons nous libérer une fois pour toutes des griffes de la mort.

LE JUSTE ÉQUILIBRE

Cela ne veut pas dire pour autant qu'il faut complètement arrêter de s'occuper du corps. Il n'est pas plus question de mettre fin à toutes ses activités que d'essayer de faire tomber sa température à 0° lorsqu'on est malade.

Nous avons déjà tenté de résoudre ce problème en disant qu'il faut chercher à tirer le meilleur parti d'une mauvaise affaire en utilisant le corps et le mental pour cultiver le savoir spirituel. Il est vrai que l'âme a fait une très mauvaise affaire en acceptant de se laisser recouvrir par le corps et le mental matériels. Mais dans notre situation actuelle, nous n'avons pas d'autre choix que d'en prendre soin et de les utiliser au mieux pour nous développer spirituellement. C'est de cette façon que les grands sages de l'Inde définissaient l'équilibre entre la connaissance matérielle et le savoir spirituel. Jamais ils n'ont recommandé aux humains de gaspiller leur intelligence en la mettant au service exclusif de leurs sens matériels.

L'être humain a une tendance maladive à vouloir satisfaire ses sens, mais les *Védas* lui enseignent comment régler ses activités matérielles de façon à progresser vers la libération. Ils lui recommandent d'abord d'accomplir des actes vertueux, en accord avec la religion; ceux-ci lui permettront ensuite d'obtenir divers biens et avantages matériels, et il pourra alors en jouir jusqu'à connaître une existence plus agréable; enfin, lorsqu'il en aura assez de tous ces plaisirs éphémères, il se tournera vers la libération. Cependant, force est de constater que la religion et la libération n'intéressent plus personne. On ne veut qu'une chose: le plaisir à tout prix, et pour l'obtenir, on ne pense qu'à s'enrichir.

LES 4 PRINCIPES DU SALUT

- ॐ ***Dharma*** : la religion, ou l'accomplissement des devoirs prescrits par les Écritures révélées.
- ॐ ***Artha*** : le développement économique, ou l'accumulation des richesses.
- ॐ ***Kama*** : la satisfaction des sens, ou la jouissance des biens matériels.
- ॐ ***Moksha*** : la libération, ou l'affranchissement du cycle des morts et des renaissances.

Certains individus, pour le moins égarés, croient nécessaire de préserver la religion du simple fait qu'elle favorise le développement économique, sans lequel on n'obtient pas autant de bienfaits matériels. Ceux-là croient également que la religion est importante parce qu'elle leur garantit l'accès au Ciel, à des planètes où ils pourront jouir encore plus de leurs sens. Mais ce n'est pas de cette façon qu'il convient d'appliquer les principes du salut, et la religion a un tout autre but, celui de nous aider à réaliser notre identité spirituelle. Les biens matériels, quant à eux, ne sont nécessaires que pour maintenir le corps en santé, car l'être humain doit être sain de corps et d'esprit pour cultiver le savoir spirituel et atteindre le but de son existence.

POUR QUE TOUT RENTRE DANS L'ORDRE

En appliquant avec un esprit ouvert les 18 principes exposés dans le verset précédent, jusqu'à développer la connaissance spirituelle et le détachement des biens de ce monde, n'importe qui peut réaliser la Vérité Absolue, dont la science est expliquée en détail dans le *Shrimad-Bhagavatam*. Car ces 18 principes n'ont pas d'autre but que de nous amener à servir Dieu, la Personne Suprême, avec amour et dévotion, comme tout être humain devrait apprendre à le faire.

Ainsi que nous l'enseignera bientôt la *Shri Ishopanishad,* lorsque la religion, le développement économique et la satisfaction des sens ne sont pas utilisés dans le but de développer notre amour pour Dieu, ils demeurent strictement matériels, et ne valent pas mieux que l'ignorance. Donc, pour cultiver le savoir spirituel, surtout à l'époque où nous vivons, nous devons concentrer nos énergies sur l'écoute et le chant des gloires de Dieu, le Maître de tous les spiritualistes, afin d'apprendre à Le servir avec amour et dévotion.

VERSET 12

Ceux qui adorent les dévas s'enfoncent dans les régions les plus obscures de l'ignorance. Mais le sort de ceux qui adorent un Absolu sans forme est encore plus terrible.

Le relatif et l'Absolu

Les *dévas* sont qualifiés d'*asambhouti,* ce qui signifie qu'ils ne sont pas indépendants, alors que l'Être Suprême est *sambhouti,* absolument indépendant de tout ce qui existe. Shri Krishna, qui est Dieu en personne, explique clairement dans la *Bhagavad-gita* que c'est de Lui que viennent tous les pouvoirs des *dévas,* des grands sages et des yogis. Et que, parce que les pouvoirs qu'Il leur donne sont limités, ils ont beaucoup de difficulté à comprendre comment Il peut, par Sa propre puissance interne, apparaître et agir en ce monde sous la forme d'un homme ordinaire.

Tous les philosophes, grands sages et yogis essaient, avec leurs facultés intellectuelles limitées, de faire la différence entre le relatif et l'Absolu. Mais ils ne réussissent qu'à nier tout ce qui est relatif, sans pouvoir définir l'Absolu de façon concluante. À force de tout rejeter, ils se font leur propre idée de l'Absolu, et ils s'imaginent que, par opposition aux formes et aux attributs relatifs, Il doit être sans forme et sans attribut. Mais lorsqu'on définit une chose comme étant le contraire d'une autre, on reste dans le domaine du relatif. Une telle conception de l'Absolu permet tout au plus d'atteindre le Brahman impersonnel; elle ne donne aucune idée de la forme ultime de l'Absolu, ou Bhagavan.

Ces jongleurs d'idées ne savent pas qu'en fin de compte l'Absolu est Krishna, ou Dieu, le Seigneur Souverain, que le Brahman impersonnel n'est que la radiance de Son corps, et que le Paramatma – l'Âme Suprême – n'incarne que Son aspect omniprésent. Or, Bhagavan possède bel et bien une forme transcendantale et éternelle, de même que la connaissance et le bonheur parfaits. Tels sont Ses attributs. Et pourtant, les *dévas* et les yogis s'imaginent, avec leurs facultés restreintes, qu'Il n'est qu'un puissant *déva*, et que la Vérité Absolue doit Se limiter au Brahman impersonnel. Seuls les *bhaktas*, qui s'abandonnent directement à Dieu en Le servant avec amour et dévotion, échappent à cette erreur; ils savent en effet que Krishna est Dieu, l'Être Absolu, et que tout vient de Lui.

L'adoration des dévas

La *Bhagavad-gita* explique que seuls les êtres égarés et profondément attachés à la satisfaction de leurs sens adorent les *dévas*, afin d'être temporairement soulagés de leurs difficultés matérielles. Car, pour se libérer définitivement de la matière, il faut s'élever au niveau spirituel, où règnent la connaissance et le bonheur éternels.

Toujours dans la *Bhagavad-gita*, on apprend que les adorateurs d'un *déva* peuvent se rendre sur sa planète.

Ceux qui adorent la Lune peuvent ainsi aller sur la lune, ceux qui adorent le Soleil peuvent aller sur le soleil, et ainsi de suite. Le désir des savants modernes d'aller sur la lune ou sur d'autres planètes à l'aide de fusées n'a rien de nouveau. Parce que l'être humain possède une conscience supérieure, il n'est pas étonnant qu'il cherche à voyager dans l'espace et à se rendre sur d'autres planètes, que ce soit à l'aide d'engins spatiaux ou de pouvoirs surnaturels, ou encore en adorant les *dévas* qui gouvernent ces planètes. Or, parmi ces trois méthodes, les *Védas* considèrent la dernière comme étant la plus courante.

Au-delà de l'univers matériel

Cela dit, toutes les planètes gouvernées par les *dévas* ne sont que des résidences temporaires; les seules planètes permanentes sont les planètes Vaikounthas, situées dans le monde spirituel, où l'Être Suprême est le seul maître. C'est pourquoi Krishna explique, dans la *Bhagavad-gita,* que même celui qui atteint la planète matérielle la plus élevée, celle de Brahma, devra revenir en ce monde, alors que celui qui se rend jusque dans le monde spirituel n'aura plus jamais à renaître. Et la *Shri Ishopanishad* reprend ici la même idée, en disant que nous restons dans l'ignorance la plus profonde tant et aussi longtemps que nous errons à travers les planètes matérielles.

Recouvert par les éléments matériels, l'univers ressemble en quelque sorte à une noix de coco, hermétique et à moitié remplie d'eau, et l'obscurité totale y règnerait si des astres comme le soleil et la lune ne l'éclairaient pas. Or, au-delà du monde matériel se trouve l'étendue sans limite du monde spirituel, inondé de lumière et parsemé d'innombrables planètes Vaikounthas. La plus élevée et la plus grande de toutes ces planètes est celle de Krishna, Goloka Vrindavan†, où Il vit éternellement avec Ses compagnons et compagnes intimes, et ce, bien qu'Il Se trouve en même temps partout ailleurs, dans chaque recoin du monde matériel et du monde spirituel, ainsi que l'explique le verset 4.

Les faux spiritualistes

Bon nombre d'hypocrites font semblant de s'intéresser à la spiritualité pour jouir du respect et de l'estime de leur entourage. Ils ne désirent pas du tout quitter le monde matériel pour se rendre dans le monde spirituel; même s'ils prétendent adorer Dieu, ils ne cherchent en fait qu'à continuer à jouir de la matière.

Les athées et les impersonnalistes n'ont aucun mal à inculquer leurs doctrines à ces pauvres d'esprit, et ils les entraînent ainsi vers les régions les plus obscures de l'ignorance. Les athées affirment ouvertement que Dieu n'existe pas, et les impersonnalistes les appuient en disant que Dieu est impersonnel. Mais la *Shri Ishopanishad* explique clairement que Dieu est en fait une personne, et qu'Il Se déplace plus vite que n'importe qui, y compris ceux qui courent d'un bout à l'autre de l'univers pour visiter les différentes planètes.

La conception impersonnelle de la Vérité Absolue est donc imparfaite, et elle ne représente qu'une autre facette de l'ignorance. Ceux qui répandent de telles idées, ou qui se font eux-mêmes passer pour Dieu, utilisent le peu de connaissance qu'ils ont pour influencer les innocents qui ne savent rien des Écritures. Ils sont

† Se prononce « Vrinndavann ».

extrêmement dangereux, et ils seront punis sévèrement en reprenant naissance sur des planètes infernales.

Les faux spiritualistes ne savent pas que, pour échapper au tourbillon des morts et des renaissances, il faut cultiver le savoir et le détachement, en apprenant à servir Dieu avec amour et dévotion. La plupart d'entre eux désirent rester prisonniers des chaînes dorées de l'existence matérielle sous le couvert d'œuvres altruistes et humanitaires accomplies au nom de la religion. Mais tout en faisant semblant de servir Dieu, ils n'hésitent pas à commettre toutes sortes d'activités immorales et à rejeter l'autorité des *acharyas*. Ils préfèrent égarer les innocents en se faisant eux-mêmes passer pour de grands maîtres. Ce sont vraiment les criminels les plus dangereux de la société, même si l'ignorance de nos dirigeants leur permet d'échapper à la loi des hommes.

Cependant, de tels imposteurs n'échapperont pas à la loi divine. Krishna déclare en effet dans la *Bhagavad-gita* que tous ces envieux, tous ces prétendus apôtres de la spiritualité, seront directement envoyés sur les planètes infernales. Et c'est ce que confirme ici la *Shri Ishopanishad* : dès qu'ils auront fini de jouer les maîtres spirituels dans le seul but de satisfaire leurs sens, ils devront se rendre dans les régions les plus répugnantes de l'univers.

VERSET 13

Les sages nous ont expliqué que l'adoration de l'Être Suprême donne des fruits différents de celle de tout ce qui n'est pas suprême.

L'importance d'une filiation spirituelle authentique

Ce verset de la *Shri Ishopanishad* enseigne qu'il faut chercher la vérité auprès des grands sages. Car, seul un *acharya,* un de ces sages que les changements du monde matériel n'affectent pas, peut nous donner la clé de la connaissance parfaite. Pour ce faire, il doit lui-même avoir reçu le savoir védique des lèvres d'un maître spirituel authentique, d'une âme libérée, et il doit présenter seulement ce qu'enseignent les Écritures révélées, sans rien inventer.

Selon la *Bhagavad-gita,* les personnes qui rendent un culte aux ancêtres atteignent les planètes des ancêtres, et les matérialistes endurcis renaissent sur Terre. Mais les *bhaktas* qui n'adorent que Shri Krishna, la Cause première, Le rejoignent dans le monde spirituel, dans Sa demeure éternelle. La *Shri Ishopanishad* confirme ici ces enseignements en précisant que diverses formes d'adoration produisent des résultats différents. Si nous adorons l'Être Suprême, nous irons Le rejoindre dans Son royaume éternel. Si nous adorons les *dévas,* comme le Soleil et la Lune, nous irons sur leurs planètes respectives. Et si nous agissons de manière à rester sur cette pauvre Terre, fascinés par les commissions d'enquête et les politiques «bouche-trou» de nos gouvernements, nous aurons très certainement la liberté d'y revenir.

Aucune Écriture authentique n'enseigne que nous atteindrons tous le même but, peu importe ce que nous faisons et qui nous adorons. Seuls de soi-disant gourous n'appartenant à aucune filiation spirituelle reconnue peuvent répandre de telles idées. Un vrai maître ne dira jamais que chacun peut suivre sa voie comme bon lui semble. N'importe qui peut comprendre qu'un billet de train Bombay-Calcutta conduit à Calcutta et nulle part ailleurs. Mais les faux maîtres d'aujourd'hui prêchent que, peu importe la voie que nous empruntons, nous atteindrons tous le but suprême. Ce genre de compromis alléchant attire bien des malheureux, convaincus de pouvoir progresser spirituellement en écoutant de telles sornettes. Mais les *Védas* n'appuient nullement ces inventions. À moins de recevoir la connaissance d'un maître authentique, appartenant à une filiation spirituelle reconnue, on n'obtient que du vent.

La *Bhagavad-gita* enseigne:

> «Le savoir suprême se transmet de maître à disciple, et c'est ainsi que les saints rois l'ont reçu et réalisé. Mais au fil des temps, ô Arjouna, la succession disciplique s'est rompue, et cette science, en son état pur, semble maintenant perdue.» (4.2)

Lorsque Krishna était présent sur Terre, les principes du *bhakti-yoga,* tels que définis dans la *Bhagavad-*

gita, s'étaient en effet altérés. Afin de les rétablir, Il fit d'Arjouna, Son disciple et ami le plus cher, le premier chaînon d'une nouvelle filiation spirituelle.

Le Seigneur expliqua alors clairement à Arjouna que c'était grâce à sa dévotion et à son amitié pour Lui qu'il pouvait comprendre Ses enseignements. Autrement dit, personne ne peut saisir le message de la *Bhagavad-gita* s'il n'est pas, comme Arjouna, un dévot et un ami de Krishna. De nos jours, plusieurs interprètes du dialogue sacré entre Krishna et Arjouna ne s'occupent pas du tout des deux interlocuteurs, et préfèrent donner leur propre idée sur chacun des versets de la *Bhagavad-gita.* Ils se servent tout simplement du Texte révélé pour inventer toutes sortes de théories nuisibles. Il est évident qu'ils ne peuvent pas expliquer la *Bhagavad-gita,* puisqu'ils ne croient même pas en Krishna et en Son royaume éternel !

Qui faut-il adorer ?

Krishna enseigne dans la *Bhagavad-gita* que seuls les pauvres d'esprit adorent les *dévas.* Son ultime conseil est de rejeter toute autre forme de culte et d'adoration pour ne s'abandonner complètement qu'à Lui. Or, il n'y a que ceux qui se sont purifiés de toutes les conséquences de leurs fautes qui parviennent à développer une confiance absolue en l'Être Suprême. Les autres restent sous l'impression que toutes les voies se valent, et ils continuent à voltiger dans les nuages de l'énergie matérielle en poursuivant toutes sortes de cultes insignifiants qui les éloignent du vrai but.

Ce verset met l'accent sur un mot très important : *sambhavat,* qui signifie « adorer l'Être Suprême, la Cause première». Or, Krishna est la Personne Originelle, et tout ce qui existe vient de Lui. Il Se définit d'ailleurs Lui-même dans la *Bhagavad-gita* comme le créateur de tous les êtres, y compris Brahma, Vishnou et Shiva. Et s'Il est à l'origine de ces trois divinités – les plus importantes de l'univers –, Il ne peut qu'être la Cause première de tout ce qui existe, aussi bien dans le monde matériel que dans le monde spirituel.

Les 3 principales divinités de l'univers

- ॐ **Brahma** : *déva* responsable de la création et de l'administration de l'univers.
- ॐ **Vishnou** : émanation plénière de Krishna, responsable du maintien de l'univers.
- ॐ **Shiva** : *déva* responsable de la destruction de l'univers.

Diverses Écritures confirment la suprématie absolue de Krishna, aussi connu sous le nom de Narayan†, qui est une de Ses émanations plénières. L'*Atharva-véda* enseigne que c'est Krishna qui a créé Brahma, le premier habitant de notre univers, et que c'est Lui qui lui a révélé le savoir védique. Et que, de la même façon, sous la forme de Narayan, Il a créé tous les autres êtres, aussi bien nos premiers ancêtres (les Prajapatis) que les *dévas* responsables des divers éléments de la nature.

En termes clairs :

> «Au commencement, il n'y avait que Narayan. Ni Shiva, ni Brahma, ni Agni (le *déva* du feu), ni Varouna (le *déva* de l'eau) n'existaient. Aucune

† Se prononce «Narayann».

> étoile n'éclairait le ciel, et le Soleil et la Lune ne brillaient pas encore. Mais Dieu ne resta pas seul; Il créa tous les êtres selon Son bon désir. » (*Atharva-véda*)

> « J'ai personnellement créé les Prajapatis et les Roudras. Cependant, même eux ne Me connaissent pas parfaitement, car ils sont, comme tous les êtres, sous l'emprise de Mon énergie illusoire. » (*Moksha-dharma*)

> « Narayan est Dieu, la Personne Suprême, et c'est Lui qui a créé Brahma, le *déva* à quatre têtes, et Roudra (Shiva), qui plus tard est devenu omniscient. » (*Varaha Pourana*)

La *Brahma-samhita* nous dit également que Krishna est la Cause originelle de toutes les causes, et qu'on L'appelle aussi Govinda parce qu'Il réjouit le cœur de tous les êtres. Le *Shrimad-Bhagavatam* précise enfin que Krishna, apparu sur Terre comme le fils de Vasoudev et Dévaki, est bien Dieu en personne, l'Être Suprême. Même Shankaracharya, le chef des impersonnalistes, a reconnu le fait que Krishna et Narayan ne sont qu'une seule et même personne !

Toutes les Écritures confirment donc que Narayan, Krishna, est l'Être Suprême. Les êtres vraiment intelligents comprennent cette vérité à la lumière des *Védas* et des enseignements de tous les grands *acharyas*, et c'est pourquoi ils adorent exclusivement Krishna, reconnaissant en Lui la seule et unique Vérité Absolue.

Une telle conviction ne se développe que lorsqu'on prête une oreille attentive, avec foi et dévotion, aux enseignements spirituels d'un maître imperturbable. Ceux et celles qui n'éprouvent ni foi ni amour pour Krishna ne parviennent pas à accepter cette simple vérité. La *Bhagavad-gita* décrit ces athées comme des ânes, en ajoutant que s'ils rejettent Dieu, c'est uniquement parce qu'ils n'ont pas reçu la connaissance parfaite d'un *acharya* libéré.

Au service de l'humanité

Retenons bien qu'à moins d'avoir échappé au tourbillon créé par l'énergie matérielle, personne n'est qualifié pour devenir un *acharya*. Avant d'entendre la *Bhagavad-gita,* Arjouna était pris dans ce tourbillon et influencé par son attachement à la famille, aux proches et à la patrie, à tel point qu'il voulait renoncer à ses devoirs de guerrier pour devenir un philanthrope non violent. Mais en recevant le savoir védique de Dieu en personne, il fut éclairé et retrouva son intelligence première. Reprenant ses esprits, il s'en remit entièrement à Krishna, qui avait Lui-même décidé que la bataille de Kouroukshetra aurait lieu, et il Lui voua son adoration en combattant ceux qui lui apparaissaient comme ses proches. Il devint par le fait même un pur *bhakta.*

Un tel accomplissement n'est possible qu'en s'abandonnant au vrai Krishna, à Dieu Lui-même, et non pas à une sorte de Krishna symbolique tel qu'en inventent de fortes têtes ignorant tout des subtilités de la science divine contenue dans la *Bhagavad-gita* et le *Shrimad-Bhagavatam.*

Aucun être ballotté par les vagues de l'existence matérielle ne peut connaître Dieu parfaitement. Certains se font pourtant passer pour des maîtres spirituels; et afin de dissimuler leurs connaissances imparfaites, ils sont prêts à tous les compromis. Ils vont même jusqu'à dire que Dieu n'existe pas vraiment, et que c'est l'humanité que nous devons servir et adorer. Mais ils ne voient pas que l'homme est imparfait et qu'un tel culte ne mène à rien, qu'il est aussi ridicule que d'arroser les feuilles d'un arbre plutôt que ses racines. C'est en arrosant la racine de l'arbre que son feuillage s'épanouit, et si l'on veut réellement servir l'humanité, on doit se préoccuper de nourrir l'âme avant le corps.

De nos jours, les dirigeants égarés portent malheureusement plus d'intérêt au corps qu'à l'âme, si bien que, malgré leurs efforts constants pour arroser les feuilles de l'arbre – en faisant progresser la médecine, les services sociaux et les méthodes d'éducation –, la racine se dessèche. Ils oublient que le confort matériel est moins important que la santé de l'âme.

C'est en effet l'âme qui est à l'origine du corps, quelle que soit la forme que celui-ci revêt selon la loi du karma. Tous les êtres conditionnés par la matière sont également sujets à la naissance, à la maladie, à la vieillesse et à la mort. Or, la forme humaine offre à l'âme une chance unique d'échapper à l'existence matérielle. Il nous suffit de rétablir la relation qui nous unit éternellement à l'Être Suprême. Et le Seigneur vient personnellement nous enseigner la philosophie par laquelle nous pouvons nous abandonner à Lui. Le seul véritable service à rendre à nos semblables est donc de leur apprendre à s'abandonner à Dieu et à n'adorer que Lui avec tout leur amour et toute leur énergie. Voilà ce qu'enseigne ce verset de la *Shri Ishopanishad*.

L'écoute et le chant des gloires de Dieu

Dans l'âge de discorde où nous vivons, le moyen le plus simple et le plus efficace d'adorer Dieu consiste à écouter et à chanter Ses gloires. Ceux qui aiment trop jongler avec les mots et les idées s'imaginent malheureusement que les divertissements du Seigneur sont purement légendaires. Ils s'empêchent par le fait même de chanter Ses louanges, et détournent les gens simples de l'Être Suprême. C'est ainsi que de faux maîtres poussent leurs disciples à les glorifier eux plutôt que d'écouter et de chanter les gloires de Dieu. Le nombre de ces imposteurs et des faux *avatars* augmente aujourd'hui de plus en plus, créant un climat de méfiance qui complique la tâche des purs dévots du Seigneur soucieux de protéger la masse des gens contre une propagande aussi impie.

Les *Oupanishads* attirent indirectement notre attention sur l'Être Primordial, Shri Krishna, alors que la *Bhagavad-gita*, l'essence de toutes les *Oupanishads*, établit directement Sa suprématie absolue en tant que Dieu, la Personne Suprême. Ce sont donc des Écrits comme la *Bhagavad-gita* et le *Shrimad-Bhagavatam* qu'il faut lire et écouter pour connaître Krishna tel qu'Il est. Une telle écoute aura pour effet de débarrasser peu à peu notre esprit de toutes les impuretés qui s'y sont infiltrées. Par ailleurs, le *Shrimad-Bhagavatam* explique que celui qui écoute le récit des actes glorieux du Seigneur attire automatiquement Son attention; en retour, le Seigneur, présent dans son cœur, lui apporte Son aide en guidant ses pas. Et la *Bhagavad-gita* confirme tout à fait cet enseignement.

En guidant ainsi Son dévot, de l'intérieur de son cœur, le Seigneur le débarrasse de toutes les impuretés qui s'y sont accumulées sous influence de la passion et de l'ignorance. Les non-dévots, au contraire, continuent de n'être guidés que par les influences matérielles. Or, la passion empêche l'être humain de trancher ses liens avec la matière, et l'ignorance lui voile sa propre identité ainsi que celle du Seigneur. Il n'est donc pas possible de s'épanouir spirituellement lorsqu'on est soumis à de telles influences, quelle que soit l'ardeur qu'on met à faire semblant de suivre une religion ou une forme quelconque de spiritualité.

Cependant, lorsque le Seigneur libère Son dévot des griffes de l'ignorance et de la passion, celui-ci peut aussitôt s'établir dans la vertu, qui seule caractérise le parfait *brahmana*. N'importe qui peut donc devenir un *brahmana* qualifié s'il emprunte la voie du service de dévotion en suivant les directives d'un pur dévot du Seigneur. Ce point est très important car, selon le *Shrimad-Bhagavatam*, même une personne de la plus basse condition peut se purifier sous la direction d'un parfait représentant de Dieu. Telle est la puissance inconcevable de l'Être Suprême. C'est alors qu'on trouve le bonheur et qu'on se découvre plein d'enthousiasme pour le service du Seigneur. Notre amour et notre dévotion pour Lui nous révèlent aussitôt la connaissance parfaite de la science de Dieu, et tous nos attachements matériels s'envolent, de même que les doutes qui encombraient notre esprit. C'est seulement lorsqu'on atteint ce niveau qu'on peut voir Dieu en tout temps et en tous lieux.

VERSET 14

Celui qui connaît parfaitement l'Être Suprême et Son nom transcendantal ainsi que la création matérielle et ses habitants – dévas, hommes et bêtes – s'élève au-dessus de la mort et de la manifestation cosmique temporaire. Il atteint le royaume de Dieu et y jouit de la vie éternelle avec une connaissance et un bonheur parfaits.

Les lois de la nature

Les progrès matériels de la civilisation moderne ont permis à l'homme de découvrir l'énergie atomique et d'inventer toutes sortes d'objets sophistiqués, jusqu'à des engins spatiaux; mais il demeure impuissant face à ses vrais problèmes : la naissance, la maladie, la vieillesse et la mort. Et chaque fois qu'on demande aux hommes de science comment il se fait que ces problèmes n'ont pas encore été résolus, nos soi-disant savants répondent habilement que la science progresse et qu'elle pourra bientôt vaincre la maladie et empêcher les humains de vieillir et de mourir. Une telle réponse prouve qu'ils ignorent tout des lois de la nature. Car, dans la nature, tout est soumis aux lois strictes qui gouvernent la matière et forcent tous les habitants de la Création à franchir six étapes au cours de leur existence :

- La naissance.
- La croissance.
- La subsistance.
- La reproduction.
- Le vieillesse.
- La mort.

Rien ni personne en contact avec l'énergie matérielle ne peut échapper à ces lois de la nature, si bien qu'aucun *déva,* homme, animal ou végétal ne peut prolonger indéfiniment son existence en ce monde.

Il est entendu que la durée de la vie varie selon les espèces; Brahma, le plus important de tous les habitants de l'univers, vit des millions et des millions d'années, alors que certains microbes ne vivent que quelques heures. Cependant, quelle que soit la durée de son existence, aucun être ne peut vivre éternellement. En ce monde, tout subsiste pendant un certain temps après sa naissance ou sa création pour finalement dépérir et être anéanti (les êtres vivants connaissent en outre la croissance et la reproduction). La loi de la nature force ainsi tous les êtres à rencontrer la mort un jour ou l'autre, y compris les millions de Brahma à la tête des innombrables univers qui composent le monde matériel. C'est pourquoi on donne à ce monde le nom de *martya-loka,* « le royaume de la mort ».

Si les politiciens et les savants matérialistes s'acharnent à vaincre la mort en ce monde, c'est parce qu'ils ne savent pas que l'immortalité est de nature purement spirituelle. Ils ne connaissent pas les Écritures védiques, pleines d'un savoir mûri par l'expérience, car l'homme moderne refuse d'accepter la connaissance contenue dans les *Védas,* les *Pouranas* et les autres Textes sacrés.

Mondes inférieurs et mondes supérieurs

Le *Vishnou Pourana* nous apprend que l'Être Suprême possède différentes énergies, regroupées en deux grandes catégories: l'énergie supérieure et l'énergie inférieure. L'énergie matérielle, avec laquelle nous sommes aux prises, est dite inférieure; c'est elle qui rend possible la Création matérielle. Mais il existe une autre énergie, supérieure, où tout est différent de ce que nous connaissons en ce monde; il s'agit de la Création spirituelle de Dieu, éternelle, immortelle et pleine de félicité.

Les planètes matérielles supérieures, intermédiaires et inférieures de notre univers n'existent que tant et aussi longtemps que dure la vie de Brahma. Certaines planètes inférieures sont même anéanties après chaque jour de Brahma, et recréées au début du jour suivant. Il faut savoir que, sur les planètes supérieures, le temps n'est pas calculé de la même façon que sur Terre. C'est ainsi que, sur plusieurs d'entre elles, une de nos années équivaut à 24 heures, ou un jour et une nuit. Et un cycle de quatre âges n'y dure que 22 000 ans et 5 mois, alors que sur Terre le même cycle dure 4 320 000 ans. Or, 1 000 de ces cycles ne constituent qu'une journée pour Brahma, et sa nuit est tout aussi longue. Brahma vit ainsi pendant 100 ans!

À la fin de la vie de Brahma, notre univers est complètement anéanti. Entre temps, chaque fois que survient la nuit de Brahma, le Soleil, la Lune et le système planétaire auquel appartiennent la Terre et plusieurs planètes inférieures à celle-ci se trouvent submergés par un vaste déluge. Durant cette longue nuit, les habitants de toutes les planètes continuent d'existe en tant qu'êtres spirituels, mais dans un état latent, végétatif, non manifesté, tout comme à la fin de la vie de Brahma, lorsque l'univers est entièrement détruit.

Les 4 âges d'un cycle

- ॐ Le ***Satya-youga***, qui dure 1728000 ans. Époque de sagesse et de pureté sous le signe de la spiritualité.
- ॐ Le ***Tréta-youga***, qui dure 1296000 ans.
- ॐ Le ***Dvapara-youga***, qui dure 864000 ans.
- ॐ Le ***Kali-youga***, qui dure 432000 ans. Époque de querelle et d'hypocrisie qui a débuté il y a environ 5000 ans. La spiritualité y est en déclin, et on n'y recherche que les plaisirs matériels.

Il existe cependant, au-delà de l'univers matériel, un monde où ces alternances de manifestation et de non-manifestation ne se produisent pas; il s'agit du monde spirituel, parsemé d'innombrables planètes éternelles qui continuent d'exister même lorsque toutes les planètes matérielles sont anéanties. La manifestation matérielle, sous la juridiction des différents Brahmas, est inférieure et ne représente qu'un quart de l'énergie de Dieu. Le monde spirituel, quant à lui, échappe à la juridiction de tous les Brahmas; il est supérieur et représente les trois autres quarts de l'énergie de Dieu. C'est d'ailleurs Dieu en personne, l'Être Suprême, Shri Krishna, qui y règne en maître absolu.

Un seul moyen peut nous permettre d'approcher Dieu, et c'est le service de dévotion pur. Ni les études philosophiques (*gyana*), ni le mysticisme ou la recherche des pouvoirs surnaturels (yoga), et encore moins l'action intéressée (karma) ne peuvent nous donner de L'atteindre. Les *karmis* peuvent s'élever jusqu'à certaines planètes supérieures, comme le Soleil et la Lune. Les *gyanis* et les yogis, quant à eux, peuvent atteindre des planètes plus hautes encore, comme celle de Brahma, d'où ils peuvent continuer à progresser en pratiquant le service de dévotion; ils ont alors la possibilité d'entrer dans le monde spirituel, soit dans l'éclat du Brahman impersonnel, soit sur les planètes Vaikounthas. Quoi qu'il en soit, une chose reste certaine: personne ne peut atteindre les planètes spirituelles, aussi appelées Vaikounthas, sans avoir pratiqué le service de dévotion.

La soif de domination

Sur les planètes matérielles, tous les êtres, depuis Brahma jusqu'à la plus petite fourmi, s'efforcent de dominer la nature; c'est ce qu'on appelle la fièvre matérielle. Aussi longtemps que dure cette maladie, l'être vivant doit successivement changer de corps, que ce soit sous la forme d'un *déva,* d'un humain ou d'un animal. Et à la fin de chaque jour de Brahma comme à la fin de sa vie, il se retrouve à l'état non manifesté. Si nous voulons mettre fin à cette existence misérable et nous libérer du fardeau de la naissance, de la maladie, de la vieillesse et de la mort, nous n'avons pas d'autre choix que de chercher à atteindre les planètes spirituelles, où règne Shri Krishna à travers Ses innombrables émanations plénières.

Personne ne peut dominer Krishna, et on appelle «âme conditionnée» quiconque s'acharne à vouloir surmonter l'énergie matérielle du Seigneur; une telle âme reste soumise aux lois de la nature, et victime de la répétition des morts et des renaissances. Lorsque Dieu vient en ce monde, c'est pour rétablir les principes de la vraie religion, dont le but premier est d'amener les âmes conditionnées à développer une attitude d'abandon face à Lui. Krishna explique clairement ce principe dans la dernière partie de la *Bhagavad-gita*, mais des commentateurs sans scrupules ont trahi cet enseignement fondamental et ainsi trompé de nombreux innocents.

On s'affaire donc volontiers à construire des hôpitaux et à fonder divers organismes de bienfaisance n'offrant qu'un soulagement temporaire des souffrances; en revanche, on ne porte aucun intérêt au service de dévotion, qui seul peut nous permettre d'entrer dans le monde spirituel et de donner à l'humanité le vrai bonheur. On lutte avec acharnement contre les forces de la nature plutôt que d'apprendre à les apaiser. À quoi bon se présenter comme un grand spécialiste de la *Bhagavad-gita* si on néglige la méthode qu'elle-même enseigne pour s'affranchir de l'emprise de la matière? Son message est pourtant clair: ce n'est qu'en éveillant notre conscience de Dieu que nous parviendrons à apaiser la nature implacable.

Ce verset de la *Shri Ishopanishad* nous dit précisément qu'il faut parfaitement connaître l'Être Suprême et la création matérielle pour se sauver. Si l'on ne connaît que la manifestation temporaire de l'énergie matérielle, on est sans espoir car, dans la nature, la destruction suit son cours à chaque instant, et aucun hôpital ne peut l'empêcher. Nous ne pouvons être sauvés que par une connaissance parfaite de la vie éternelle, toute de conscience et de bonheur. Toute la culture védique a justement été conçue pour éduquer les humains dans cet art.

Il est facile de se laisser distraire par toutes sortes de projets prometteurs axés sur la satisfaction des sens, mais il faut savoir que ces entreprises trompeuses ne peuvent que nous dégrader. Si nous voulons sauver notre prochain, apprenons à le faire correctement. Il n'est pas question d'aimer ou de ne pas aimer la vérité; elle est toujours là, immuable. Et pour échapper à la mort, il n'y a pas d'autre solution que d'apprendre à servir Dieu. Quand le danger menace, il n'y a pas de place pour les compromis.

VERSET 15

Ô Seigneur, Toi qui soutiens tout ce qui vit, la lumière éblouissante qui émane de Ta personne me cache Ton vrai visage. Aie la bonté d'écarter ce voile et de Te montrer tel que Tu es à Ton pur dévot.

Les divertissements de Dieu et notre relation avec Lui

Le Seigneur explique dans la *Bhagavad-gita*:

> «Je suis à l'origine du Brahman impersonnel. Impérissable, immortel, éternel, il constitue le principe même du bonheur suprême.» (14.27)

Le Brahman, le Paramatma et Bhagavan sont les trois aspects de la Vérité Absolue. Le Brahman est l'éblouissante radiance qui émane du corps de l'Être Suprême; il s'agit de l'aspect de la Vérité Absolue le plus accessible au spiritualiste débutant. Lorsque celui-ci progresse, il prend conscience du second aspect de la Vérité Absolue, c'est-à-dire le Paramatma, ou l'émanation de Dieu présente en chaque atome et dans le cœur de chaque être. C'est sous cette forme qu'Il soutient toute la création matérielle. L'ultime étape de la réalisation spirituelle consiste à connaître l'aspect personnel de la Vérité Absolue, c'est-à-dire Bhagavan, Krishna, à l'origine du Brahman et du Paramatma.

Krishna jouit éternellement d'un parfait bonheur. Ainsi, lorsqu'Il descendit sur Terre, à Vrindavan, il y a quelque 5 000 ans, tous Ses divertissements débordaient de joie, y compris la destruction de monstres redoutables. Que dire de l'extase qu'Il donnait à Sa mère, à Ses sœurs et à Ses amis intimes lorsqu'Il volait du beurre ? C'était là Son jeu favori, et il ne faut pas le voir d'un mauvais œil puisqu'Il n'agissait de la sorte que pour le plaisir de Ses purs dévots. En fait, lorsque le Seigneur Se trouvait à Vrindavan, toutes Ses Actions avaient pour but de faire la joie de Ses compagnons et compagnes; mais en même temps, Il voulait attirer l'attention des penseurs dont les recherches ne mènent nulle part et des « acrobates » du *hatha-yoga* sur l'aspect personnel de la Vérité Absolue.

Dans le *Shrimad-Bhagavatam,* le sage Shoukadev Gosvami commente les divertissements du Seigneur en compagnie des jeunes pâtres de Vrindavan :

> « Dieu, que les impersonnalistes perçoivent sous la forme du Brahman, en qui Ses dévots reconnaissent le Seigneur Suprême et en qui les matérialistes ne voient qu'un être ordinaire, est venu S'amuser avec les pâtres de Vrindavan. Si ces garçons ont pu jouir de la présence personnelle de Dieu, c'est grâce aux innombrables actes vertueux qu'ils avaient accomplis dans leurs vies antérieures. » (10.12.11)

Une relation personnelle unit le Seigneur à chacun de Ses purs dévots, et cette relation pleine d'amour peut prendre cinq formes différentes :

- La relation neutre, ou passive.
- La relation de service.
- La relation d'amitié.
- La relation parentale, ou fraternelle.
- La relation amoureuse.

AU-DELÀ DES APPARENCES

Il est écrit que Dieu ne quitte jamais Son royaume de Vrindavan. On peut dès lors se demander comment Il S'y prend pour veiller au maintien de Ses diverses créations!

La *Bhagavad-gita* répond à cette question en nous apprenant que Krishna Se manifeste partout dans l'univers matériel sous la forme du Paramatma. En effet, le Seigneur Souverain n'a pas à S'occuper personnellement de la création, du maintien et de la destruction de la manifestation cosmique; Il y veille indirectement par l'entremise de Son émanation plénière, l'omniprésent Paramatma. Tous les êtres vivants sont des âmes spirituelles (*atmas*), et l'âme qui domine toutes les autres est le Paramatma, l'Âme Suprême. C'est sous cette forme que Dieu soutient tous les univers.

La réalisation de Dieu relève d'une grande science. Les matérialistes ne réussissent qu'à analyser les 24 éléments de la création matérielle; ils n'ont que très peu d'information sur le Maître Suprême. Les impersonnalistes sont pour leur part éblouis par l'éclat de Son corps. Or, si nous voulons saisir tous les aspects de la Vérité Absolue, nous devons chercher au-delà des 24 éléments matériels et de l'éblouissante radiance du Brahman.

Ce verset de la *Shri Ishopanishad* pointe d'ailleurs dans cette direction, en priant le Seigneur d'écarter le voile aveuglant qui cache Sa forme personnelle. Car, tant que ce voile se dresse devant nous, tant que nous ne voyons pas l'Être Suprême tel qu'Il est, nous ne pouvons pas pleinement réaliser la Vérité Absolue.

Dans l'univers matériel, Dieu Se manifeste sous la forme de trois émanations plénières :

❖ Kshirodakashayi Vishnou : Il s'agit du Vishnou figurant parmi les trois divinités principales à l'intérieur de chaque univers (Brahma, Vishnou et Shiva). C'est Lui qui agit comme Âme Suprême individuelle (Paramatma) dans le cœur de chaque être et en chaque atome. Il est partout présent.

❖ Garbhodakashayi Vishnou : Il s'agit de l'Âme Suprême collective de l'univers, à l'origine de tout ce qui s'y trouve.

❖ Karanodakashayi Vishnou : Au-delà des deux autres, c'est de Lui que proviennent originellement tous les univers.

Le yoga, dans sa forme la plus complète, permet aux plus sérieux de ses adeptes de s'élever au-delà des éléments matériels afin de rencontrer ces manifestations de Vishnou. Quant aux philosophies impersonnalistes, elles ne permettent de percevoir que le Brahman, défini en ces termes par la *Brahma-samhita* :

> « Il existe, à travers les millions d'univers, d'innombrables planètes, toutes différentes les unes des autres, et toutes reposent dans une partie du *brahmajyoti* (le Brahman), soit l'éclat émanant de la forme personnelle de Dieu que j'adore. » (5.40)

Il s'agit donc de remonter jusqu'à la source du Brahman, c'est-à-dire jusqu'à Krishna, la Personne Originelle. Cette science est élaborée en détail dans des ouvrages comme le *Shrimad-Bhagavatam*, où Vyasadev explique clairement les trois niveaux de réalisation de la Vérité Absolue (le Brahman, le Paramatma et

Bhagavan). Jamais il ne dit que nous sommes la Vérité Absolue. Les âmes individuelles ne sont en effet ni suprêmes ni toutes-puissantes; si tel était le cas, elles n'auraient pas besoin de prier Dieu qu'Il écarte le voile éblouissant qui cache Son vrai visage!

Pour récapituler, disons que tant qu'on ne comprend pas comment agissent les différentes énergies de Dieu, on ne peut tout au plus que réaliser l'aspect Brahman de la Vérité Absolue. Lorsque nous voyons comment Dieu Se manifeste à travers Ses énergies matérielles, mais sans trop connaître Ses énergies spirituelles, nous accédons à la réalisation du Paramatma. Mais ces deux formes de réalisation restent incomplètes. Ce n'est que lorsque l'Être Suprême accepte d'ôter le voile éblouissant qui nous cache Son vrai visage que nous pouvons réaliser qu'Il est Krishna, le Seigneur Souverain qui englobe tous les aspects de la Vérité Absolue. Il est Bhagavan, la racine primordiale, alors que le Brahman et le Paramatma ne sont que Ses branches.

Il convient enfin de noter qu'à ces trois niveaux de réalisation correspondent trois catégories de spiritualistes:

Les 3 catégories de spiritualistes

- ॐ Les *gyanis*: ceux qui méditent sur le Brahman.
- ॐ Les *yogis*: ceux qui adorent le Paramatma.
- ॐ Les *bhaktas*: ceux qui servent Bhagavan, Shri Krishna, avec amour et dévotion.

VERSET 16

Ô Seigneur, Toi le Sage originel, Tu maintiens tous les univers et veilles à ce que l'ordre y règne. Toi, le point de mire des purs bhaktas et le Bienfaiteur des ancêtres de l'humanité, fais disparaître, je T'en prie, l'éclat aveuglant de Ton corps pour que je puisse voir Ta forme de félicité. Tu es Dieu, l'éternelle Personne Suprême, comparable au Soleil, comme je le suis d'ailleurs aussi.

Le voile se lève

Le soleil et ses rayons sont de même nature, et il en va de même pour Dieu et les âmes individuelles. Le soleil possède une identité propre, même si les molécules de ses rayons sont innombrables; leur nature est identique, mais le soleil n'en représente pas moins l'unique source de tous les rayons qui émanent de lui. L'un et l'autre sont semblables, mais en aucun cas égaux.

De même que le *déva* du soleil règne sur sa planète, le Seigneur éternel a Son propre royaume sur la plus haute de toutes les planètes spirituelles, Goloka Vrindavan, d'où émane l'éblouissant *brahmajyoti* (le Brahman).

Voici ce que la *Brahma-samhita* nous dit :

> « Dans le royaume spirituel et absolu de Shri Krishna, on trouve des pierres philosophales en abondance, et d'innombrables palais construits avec ces pierres merveilleuses s'élèvent à l'ombre du feuillage de millions d'arbres-à-souhaits. Là, le Seigneur garde Ses troupeaux de vaches *sourabhis*, et des déesses de la fortune au nombre infini L'entourent constamment, Le servant avec amour et dévotion. » (5.29)

La *Brahma-samhita* explique en outre que le *brahmajyoti* est la radiance qui émane de la planète de Krishna, tout comme la lumière qui émane du soleil. Or, à moins de percer l'éclat du *brahmajyoti*, personne ne peut voir le royaume de Dieu. C'est pourquoi les impersonnalistes, aveuglés par cette lumière éblouissante, ne peuvent pas voir la forme spirituelle du Seigneur, pas plus que Son royaume éternel. Le *bhakta* prie donc ici l'Être Suprême d'écarter les rayons du *brahmajyoti* afin qu'il puisse voir Sa forme transcendantale, source d'un bonheur infini.

La réalisation du Brahman nous donne un premier aperçu de la nature sublime de l'Être Suprême, et celle du Paramatma nous éclaire encore davantage. Mais la perfection consiste à rencontrer face à face Bhagavan, Shri Krishna, l'aspect ultime de la Vérité Absolue.

Si Dieu est Celui qui maintient tous les univers, le Sage originel et le Bienfaiteur de tous les êtres, on ne peut Le considérer comme impersonnel. Tel est le sens exact de ce verset de la *Shri Ishopanishad*. Et il est particulièrement important de noter que, même si le Seigneur subvient aux besoins de tous les êtres, c'est avec un soin tout à fait spécial qu'Il veille sur Ses dévots, car ceux-ci ont percé l'éclat éblouissant du Brahman impersonnel et réalisé pleinement la Vérité Absolue dans Sa forme personnelle. Shrila Jiva Gosvami nous parle de cette réalisation dans son *Bhagavat-sandarbha*:

> « Sachez que tous les aspects de la Vérité Absolue sont réunis dans la personne de Dieu, car Il est tout-puissant et parfaitement transcendantal. La Vérité Absolue ne Se manifeste qu'en partie dans le *brahmajyoti*, et c'est pourquoi on considère la réalisation du Brahman impersonnel comme incomplète. Sachez également que la première syllabe du mot Bhagavan a un double sens: celui de « parfait soutien » et celui de « gardien »; la deuxième syllabe veut dire « guide », « chef » ou « créateur »; et la troisième indique que tous les êtres vivent en Lui et qu'Il vit en tous les êtres. En d'autres mots, le nom transcendantal de « Bhagavan » désigne Celui qui possède pleinement la puissance, la richesse, la gloire, la beauté, le savoir et le renoncement infinis, sans aucune trace de souillure par la matière. »

L'Être Suprême pourvoit à tous les besoins de Ses dévots, et Il les guide pas à pas vers la dévotion parfaite. Au sommet de cette perfection, Il Se donne personnellement à Ses dévots dans un échange d'amour intime. Par Sa grâce infinie, ceux-ci peuvent alors Le voir face à face, et retourner auprès de Lui sur la planète spirituelle suprême, Goloka Vrindavan. En tant que Créateur, le Seigneur peut en effet donner à Ses dévots toutes les qualités nécessaires pour retourner à Lui.

Pourquoi sommes-nous ici ?

Dieu est la Cause première, la Cause de toutes les causes, si bien que Lui-même ne dépend d'aucune cause; c'est donc en manifestant Sa propre puissance interne qu'Il crée Son propre plaisir. Sa puissance externe, quant à elle, ne vient pas directement de Lui. Elle se manifeste par l'intermédiaire des trois Vishnou dont nous avons parlé dans le verset précédent, et c'est à travers eux qu'Il crée, maintient et détruit l'univers matériel.

Les âmes individuelles sont pour leur part de minuscules émanations de Dieu, et lorsque certaines d'entre elles désirent imiter l'Être Suprême en cherchant à contrôler tout ce qui les entoure, Celui-ci leur permet de faire un séjour dans la Création matérielle, où elles ont toute liberté pour tenter de satisfaire leur désir. Ce sont ces âmes qui animent la matière et qui mettent en mouvement toute la manifestation cosmique. Le Seigneur leur procure toute facilité pour dominer la nature matérielle, mais Il n'en demeure pas moins le Maître ultime, présent en eux sous la forme de Son émanation plénière, le Paramatma, qui est justement un des trois Vishnou dont nous parlions.

Il existe donc une énorme différence entre l'âme individuelle, l'*atma,* et l'Âme Suprême, le Paramatma. Le Paramatma domine et l'*atma* est dominée; ils ne sont jamais égaux. Mais le Paramatma n'en demeure pas moins le compagnon constant de l'*atma,* avec qui Il collabore pleinement.

Le Brahman représente l'aspect omnipénétrant de Dieu, qui diffuse partout Son énergie; il existe en tout temps, aussi bien lorsque l'univers matériel est manifesté que lorsqu'il est non manifesté, et les âmes individuelles, qui forment la puissance marginale de Dieu, en font toutes partie, qu'elles soient conditionnées ou libérées.

Comme l'Être Suprême Se trouve à l'origine et du Brahman et du Paramatma, Il est la source incontestable de tout ce qui existe, aussi bien des êtres vivants que de la matière inerte. Quiconque possède cette connaissance s'engage aussitôt à Le servir avec un amour et une dévotion purs; il s'attache à Lui de tout son cœur et de toute son âme, et lorsqu'il rencontre d'autres *bhaktas* comme lui, il ne désire qu'une chose, et c'est de glorifier sans fin le Seigneur et Ses divertissements spirituels et absolus.

Les autres spiritualistes, ceux qui n'ont réalisé que le Brahman ou le Paramatma, ne peuvent pas apprécier à leur juste valeur les activités de ces purs dévots. Habitués à ne compter que sur eux-mêmes, ces philosophes et ces yogis ne parviennent pas à imaginer que le Seigneur aide constamment Ses dévots en leur fournissant, de l'intérieur de leur cœur, toute la connaissance nécessaire pour dissiper les ténèbres de l'ignorance.

La *Katha Oupanishad* enseigne clairement que personne ne peut connaître l'Être Suprême à moins d'être béni par Lui, et Il n'accorde cette faveur spéciale qu'à Ses purs dévots. C'est cette faveur que l'on demande au Seigneur dans ce verset de la *Shri Ishopanishad*.

VERSET 17

Que mon corps temporaire soit réduit en cendres, et que mon souffle vital se fonde dans la totalité de l'air. Ô Seigneur, Toi le Bénéficiaire Suprême, n'oublie pas mes sacrifices; souviens-Toi, je T'en prie, de tout ce que Ton serviteur a fait pour Toi.

La science du corps et de l'âme

Le corps matériel n'est qu'un vêtement temporaire qui n'a rien de commun avec l'âme. La *Bhagavad-gita* explique clairement que l'âme ne meurt pas avec le corps, et qu'elle ne perd jamais son identité propre; ce verset de la *Shri Ishopanishad* ne fait que le confirmer. Il faut comprendre que l'âme n'est à aucun moment dépourvue de personnalité ou de forme, contrairement à ce que prétendent certains faibles d'esprit. C'est l'enveloppe matérielle de l'âme qui n'a pas de forme en soi; le corps dépend complètement de l'âme immortelle qui l'habite, et c'est elle, par ses désirs, qui lui donne une forme.

La nature fait preuve d'un art remarquable en façonnant une infinie variété de corps qui reflètent exactement les désirs de jouissance matérielle de chaque être. Celui qui désire se goinfrer d'ordures obtient un corps parfaitement adapté pour le faire en devenant un porc, et celui qui préfère se délecter de sang et de chair animale sera comblé dans un corps de tigre. Mais le corps humain, lui, n'est pas conçu pour se nourrir de chair fraîche; ses dents sont faites pour croquer et mâcher des céréales, des fruits et des légumes, à l'exception de deux canines pour ceux qui désirent manger de la viande à tout prix. Et même à l'état le plus primitif, aucun homme n'a de goût pour les ordures et les excréments.

Les êtres s'incarnent donc dans différents corps totalement étrangers à leur vraie nature, selon la forme de jouissance qu'ils recherchent. C'est ainsi, selon l'évolution de leurs désirs, qu'ils transmigrent d'un corps à un autre, passant des formes aquatiques aux formes végétales, des formes végétales aux formes reptiliennes, des formes reptiliennes aux formes ailées et des formes ailées aux mammifères terrestres, jusqu'à finalement obtenir une forme humaine.

Lorsqu'on l'utilise pour cultiver pleinement le savoir spirituel, la forme humaine représente l'aboutissement de l'évolution des espèces, et le point culminant de ce savoir nous est présenté dans ce verset de la *Shri Ishopanishad*: il nous faut apprendre à quitter le corps qui, de toute façon, sera finalement réduit en cendres, et laisser le souffle qui l'anime se fondre dans la totalité de l'air.

L'âme agit en effet à l'intérieur du corps en mettant en mouvement différentes variétés d'air. Les yogis s'efforcent d'ailleurs de maîtriser ces mouvements d'air afin d'amener l'âme à se déplacer successivement d'une sphère aérienne à l'autre, jusqu'au plus élevé de ces *chakras*, qui se trouve au sommet du crâne. À ce stade, le yogi peut quitter son corps et se rendre sur la planète de son choix. Mais il doit pour ce faire reprendre un autre corps. La plus haute perfection, comme l'indique ce verset, consiste donc à renoncer une fois pour toutes à son enveloppe charnelle, de façon à pouvoir accéder au monde éternel, où l'on développe un corps purement spirituel qui n'est plus sujet au changement ni à la mort.

Dans l'univers matériel, la nature nous force à transmigrer d'un corps à un autre en fonction de nos désirs de jouissance. Chaque espèce vivante, du plus infime microbe au plus parfait *déva,* représente l'expression d'une variété particulière de désir. Mais une personne intelligente ne se laisse pas tromper par toutes ces formes de corps, car elle perçoit l'identité spirituelle unique de chaque être. Qu'elle habite un corps de porc ou de *déva,* l'âme reste en effet toujours la même, c'est-à-dire une parcelle de Dieu.

D'OÙ VENONS-NOUS ET OÙ ALLONS-NOUS ?

Les différentes formes de corps reflètent les actes coupables et vertueux des êtres. Or, le corps humain, hautement développé, offre à l'âme la possibilité de prendre pleinement conscience de sa nature véritable. Et les Écritures védiques enseignent qu'après avoir cultivé la connaissance pendant de très nombreuses vies, l'être humain peut enfin atteindre la plus haute perfection en s'abandonnant au Seigneur Suprême, Shri Krishna. Car il ne suffit pas de connaître son identité spirituelle; il faut aussi comprendre que l'âme est une infime parcelle de Dieu et qu'elle ne pourra jamais devenir elle-même le Tout Parfait. Sinon, on devra à nouveau revenir dans l'univers matériel, même si l'on a réussi à se fondre dans le *brahmajyoti* !

Le *brahmajyoti*, qui émane du corps transcendantal de Dieu, est peuplé d'un nombre infini d'âmes spirituelles. Ces étincelles de Dieu sont pleinement conscientes de leur individualité, si bien qu'il leur arrive parfois de désirer jouir de leurs sens. L'Être Suprême leur donne alors la chance d'exercer leurs faibles pouvoirs en les plaçant dans l'univers matériel où, sous l'emprise de leurs sens, ils peuvent jouer à être Dieu. Ce désir de domination est précisément le mal dont souffre l'âme conditionnée, et sa fascination pour les plaisirs de ce monde l'oblige constamment à transmigrer d'un corps matériel à un autre. Quant au désir de se fondre dans le *brahmajyoti*, il est également le signe d'une connaissance imparfaite. La vraie perfection, la seule, consiste à s'abandonner complètement à Dieu et à Le servir avec une dévotion purement spirituelle.

Dans ce verset, l'être vivant prie le Seigneur de l'accueillir dans Son royaume lorsqu'il aura rendu son dernier souffle et quitté son corps matériel. Avant que son corps ne soit réduit en cendres, il demande à Dieu de bien vouloir Se souvenir des actes vertueux et des sacrifices qu'il a accomplis au cours de sa vie. Il formule cette prière à l'heure de mourir, en pleine conscience de ses actes passés et du but à atteindre. À cet instant précis, l'être qui a vécu sous l'emprise de la matière ne peut que se rappeler de ses actes coupables, et comme la mort le surprend absorbé dans ces pensées, il devra reprendre un autre corps matériel. La *Bhagavad-gita* précise en effet que le mental emporte avec lui les tendances et les désirs du mourant, et que c'est précisément son état d'esprit au moment de quitter son corps qui détermine les conditions dans lesquelles il devra renaître.

Contrairement aux animaux, dont les facultés mentales sont peu développées, l'être humain sur le point de mourir peut revoir, comme dans un rêve, tout ce qu'il a fait au cours de son existence. Ces souvenirs éveillent en lui une multitude de désirs matériels qui l'empêchent de retrouver sa forme originelle et de retourner dans le monde spirituel. Dans le cas d'un *bhakta*, cependant, il en va tout autrement. En pratiquant le service de dévotion, il développe son amour pour Dieu, et même s'il oublie ses activités spirituelles à l'heure de la mort, le Seigneur, Lui, ne les oublie pas. La prière contenue dans ce verset sert à rappeler au Seigneur Suprême les sacrifices que Son dévot a pu accomplir pour Lui, mais il convient de savoir qu'avec ou sans prière, Dieu n'oublie jamais la dévotion du *bhakta*.

La suprématie du service de dévotion

Krishna enseigne dans la *Bhagavad-gita* :

> « Celui qui pratique le service de dévotion doit être considéré comme un saint homme, même s'il lui arrive de commettre des actes répréhensibles, car il est sur la voie de la perfection; il ne tardera pas à se purifier complètement et à trouver la paix éternelle. Ô Arjouna, Je peux t'assurer que Je ne laisserai jamais périr Mon dévot. Quiconque prend refuge en Moi peut atteindre le but suprême, et ce, même s'il est de basse naissance; que dire alors des *bhaktas*, des *brahmanas*, des justes et des saints rois, de tous ceux qui, en ce monde misérable, Me servent avec amour et dévotion ! Pense donc toujours à Moi, ô Arjouna, voue-Moi ton adoration, engage-toi à Mon service et abandonne-toi complètement à Moi; parfaitement absorbé en Moi, il ne fait aucun doute que tu viendras à Moi. » (9.30-34)

Shrila Bhaktivinode Thakour, un grand *acharya* de notre lignée, explique ces versets de la *Bhagavad-gita* de la façon suivante :

> « Il faut respecter le *bhakta* qui marche sur les traces des grands sages, même si son comportement n'est pas toujours exemplaire. Mais comprenons bien le sens de ces mots. L'âme conditionnée doit simultanément agir sur deux plans : elle doit d'une part subvenir aux besoins de son corps et, de l'autre, poursuivre la réalisation spirituelle. Sur le plan matériel, elle doit maintenir son statut social, développer son esprit, nourrir son corps, pratiquer l'hygiène et la propreté, accomplir des austérités et lutter pour sa survie. Sur le plan spirituel, elle doit aussi agir, mais cette fois dans le cadre du service de dévotion. Ces deux fonctions doivent donc s'accomplir en parallèle.
>
> « Toutefois, plus on s'absorbe dans le service de dévotion, moins les besoins du corps se font sentir. Or, tant que le service de dévotion n'est pas suffisamment développé, l'être risque à l'occasion de se montrer plus matérialiste qu'il ne le devrait. Mais lorsque cela se produit, il est important de savoir que le Seigneur, dans Sa grande miséricorde, ne tardera pas à mettre un terme définitif à ces écarts de conduite. C'est d'ailleurs pourquoi le service de dévotion est la seule voie sûre vers la réalisation spirituelle, car les progrès du *bhakta* ne sont jamais perdus, même lorsqu'il lui arrive de trébucher. »

Les impersonnalistes ne peuvent bénéficier des avantages exceptionnels du service de dévotion, car ils ne sont fascinés que par le *brahmajyoti*, c'est-à-dire l'aspect impersonnel de Dieu. Ils ne peuvent d'ailleurs ni percer le voile du *brahmajyoti* ni même concevoir l'existence de l'Être Suprême. Ils ne réussissent qu'à jongler avec les mots, sur un plan purement intellectuel. En fait, comme le confirme le 12e chapitre de la *Bhagavad-gita,* leurs efforts ne servent strictement à rien.

Les bienfaits suggérés par ce verset de la *Shri Ishopanishad* ne sont accessibles, et sans aucun mal, qu'à travers la pratique du service de dévotion, par un contact constant avec l'aspect personnel de la Vérité Absolue. Ce service dévotionnel consiste essentiellement en neuf pratiques spirituelles.

LES 9 PRATIQUES DÉVOTIONNELLES

- ॐ Écouter les gloires du Seigneur.
- ॐ Chanter les gloires du Seigneur.
- ॐ Se souvenir du Seigneur.
- ॐ Servir les pieds pareils-au-lotus du Seigneur.
- ॐ Adorer le Seigneur.
- ॐ Offrir des prières au Seigneur.
- ॐ Servir personnellement le Seigneur.
- ॐ Se lier d'amitié avec le Seigneur.
- ॐ S'abandonner totalement au Seigneur.

Prises séparément ou dans leur ensemble, ces pratiques aident le *bhakta* à toujours rester en contact avec Dieu, si bien qu'au moment de la mort il lui est facile de se souvenir de Lui. Nous avons d'ailleurs l'exemple de très grands *bhaktas* qui, en adoptant une seule de ces pratiques, ont atteint la plus haute perfection :

- Maharaj Parikshit, par l'écoute du *Shrimad-Bhagavatam.*
- Shoukadev Gosvami, par le récit du *Shrimad-Bhagavatam.*
- Prahlad Maharaj, en se souvenant constamment du Seigneur.
- Lakshmi, la déesse de la fortune, en servant les pieds pareils-au-lotus du Seigneur.
- Prithou Maharaj, en adorant le Seigneur.
- Akroura, en offrant des prières au Seigneur.
- Hanouman, en servant personnellement le Seigneur.
- Arjouna, en se liant d'amitié avec le Seigneur.
- Bali Maharaj, en abandonnant absolument tout au Seigneur.

Face à la mort

Le message de ce verset, comme c'est d'ailleurs le cas pour pratiquement tous les hymnes védiques, se trouve résumé dans le *Védanta-soutra* et expliqué en détail dans le *Shrimad-Bhagavatam,* qui représente le fruit mûr de l'arbre de la sagesse védique.

L'écoute et le chant des gloires de Dieu constituent les deux principales pratiques dévotionnelles. Il n'est donc pas étonnant de voir deux grands *bhaktas* comme Maharaj Parikshit et Shoukadev Gosvami faire du *Shrimad-Bhagavatam* l'objet de leur pratique dévotionnelle respective. Maharaj Parikshit avait choisi de recevoir le message du Texte sacré des lèvres de Shoukadev Gosvami parce qu'il était le plus grand maître spirituel de son temps, et il lui posa la question suivante, directement reliée à notre verset: «*Quel est le devoir de l'être humain au moment de la mort?*» Shoukadev Gosvami lui répondit alors que quiconque désire s'affranchir de toute angoisse doit constamment écouter et chanter les gloires du Seigneur, Lui le Maître Souverain, l'Âme Suprême, qui seul peut anéantir tous les obstacles.

La plupart des gens passent leurs journées à gagner le plus d'argent possible ou à le dépenser pour subvenir aux besoins de leur famille; et la nuit venue, ils ne pensent qu'à dormir ou à jouir des plaisirs sexuels. Il ne leur reste donc pas beaucoup de temps pour parler ou entendre parler de Dieu ! Ils L'oublient carrément, et cherchent même à nier Son existence en se convainquant qu'Il doit être impersonnel, ou dépourvu de forme et de sens. Pourtant, toutes les Écritures révélées proclament que Dieu est conscient, qu'Il est le maître de tous les êtres, et que Ses actes glorieux ne sont pas différents de Lui-même. Plutôt que de constamment parler ou entendre parler des activités insensées de politiciens matérialistes, de vedettes ou d'idoles en tous genres, nous devrions utiliser chaque instant de notre vie pour glorifier Dieu et accomplir des activités spirituelles.

C'est dans cette direction que nous oriente la *Shri Ishopanishad*. Car, à moins d'avoir pris l'habitude de pratiquer le service de dévotion, comment pouvons-nous espérer nous souvenir de Dieu au moment de la mort, alors que le corps tombe en ruine ? Comment pourrons-nous L'implorer de Se souvenir de nos sacrifices ? Par « sacrifice », il faut comprendre « sacrifier le plaisir des sens », et on peut apprendre cet art en utilisant ses sens pour servir Dieu tout au long de sa vie. De cette façon, il ne sera pas difficile de se rappeler Dieu au moment de la mort.

VERSET 18

Ô Seigneur tout-puissant, Toi qui es comme le feu, je me jette à Tes pieds et T'offre mon hommage le plus respectueux. Je Te prie de me guider sur le chemin qui conduit jusqu'à Toi; et puisque Tu connais toutes mes actions passées, aie la bonté de me libérer des conséquences de mes fautes, afin qu'aucun obstacle ne m'empêche de progresser.

L'ÉVOLUTION SPIRITUELLE

En s'abandonnant ainsi au Seigneur et en priant pour obtenir Sa grâce, le *bhakta* chemine peu à peu vers la pleine réalisation de son identité spirituelle.

Il existe 8 400 000 formes de vie, mais parmi elles, seule la forme humaine a une chance de connaître la Transcendance, à condition toutefois de recevoir une éducation brahmanique. Une telle éducation a pour but de développer chez l'humain l'honnêteté, la maîtrise des sens, la tolérance et la simplicité, ainsi que la connaissance parfaite et une foi totale en Dieu, la Personne Suprême.

La culture brahmanique est en effet une question d'éducation, et non pas de simple hérédité. L'enfant qui voit le jour dans la famille d'un *brahmana* a l'occasion de devenir à son tour un *brahmana,* tout comme le fils d'un homme riche a lui-même de bonnes chances de devenir riche. Mais il ne suffit pas de prendre naissance dans une bonne famille; il faut développer par soi-même les qualités requises pour effectivement devenir un *brahmana.* Celui qui devient orgueilleux du simple fait qu'il est le fils d'un *brahmana,* et qui néglige de cultiver les qualités brahmaniques, se dégrade et perd de vue le chemin de la réalisation spirituelle, si bien que sa mission d'être humain échoue complètement.

Dans la *Bhagavad-gita,* le Seigneur nous assure que ceux et celles qui s'écartent du sentier de la réalisation spirituelle auront la chance de se reprendre en renaissant dans la famille d'un *brahmana* qualifié ou dans une famille aisée. Car ce sont là les conditions les plus favorables pour la poursuite de leur vie spirituelle. Mais s'ils retombent à nouveau dans l'illusion, ils perdront cette chance unique que leur offre le Seigneur tout-puissant.

On compare ici l'Être Suprême au feu, car Il peut tout réduire en cendres, y compris les fautes de ceux qui s'abandonnent à Lui. Nous avons vu que la réalisation de la Vérité Absolue se fait en trois étapes, et les principes régulateurs prescrits par les *Védas* sont précisément conçus pour permettre aux humains de s'élever graduellement d'une étape à l'autre.

Les premiers pas sur la voie de la réalisation spirituelle revêtent le plus souvent la forme d'actions vertueuses accomplies en vue d'en retirer des bienfaits personnels. Mais ces actions doivent être strictement conformes aux principes védiques, sinon elles se transforment en *vikarma,* c'est-à-dire en actions contraires aux intérêts de celui qui les accomplit. On n'agit plus alors que pour la satisfaction de ses sens, et cela a pour effet de multiplier les obstacles sur le sentier de la réalisation spirituelle.

Vient ensuite le développement de la connaissance spirituelle, puis, après de très nombreuses vies, l'abandon total au Seigneur, qui représente la perfection de l'existence.

C'est généralement ainsi que se déroule l'évolution spirituelle. Mais si quelqu'un s'abandonne directement à Dieu, comme l'indique ce verset, son attitude dévotionnelle lui permet automatiquement de sauter les autres étapes. D'ailleurs, comme l'enseigne la *Bhagavad-gita,* aussitôt qu'une âme s'abandonne à Lui, le Seigneur en personne veille sur elle et la libère de toutes les conséquences de ses fautes.

La voie de l'action intéressée expose celui ou celle qui s'y aventure à de nombreux actes coupables; celle de la recherche philosophique présente quant à elle moins de risques; mais ceux qui s'engagent sur la voie du service de dévotion ne courent pratiquement aucun risque de commettre des fautes. Le dévot du Seigneur développe en effet toutes les qualités de Dieu Lui-même; il devient donc du coup un *brahmana,* même s'il n'est pas né dans la famille d'un *brahmana.*

L'Être Suprême est en effet tellement puissant qu'Il peut transformer un mangeur de chien dégradé en parfait *brahmana,* ou l'élever plus haut encore, pourvu qu'il emprunte la voie du service de dévotion. Mais Il peut également transformer le fils d'un *brahmana* en mangeur de chien s'il néglige de développer les qualités brahmaniques!

LES 3 VOIES DE RÉALISATION SPIRITUELLE

- ॐ La voie du *karma-kanda*, ou de l'action intéressée.
- ॐ La voie du *gyana-kanda*, ou de la recherche philosophique.
- ॐ La voie de l'*oupasana-kanda*, ou du service de dévotion.

LA PUISSANCE DE L'ABANDON

Le Seigneur tout-puissant, puisqu'Il Se trouve dans le cœur de chaque être, peut donner à Son dévot sincère toutes les instructions nécessaires à son progrès spirituel, et ce, même s'il entretient encore d'autres désirs. Quant à ceux qui ne sont pas Ses dévots, Il leur permet également de satisfaire leurs désirs, mais à leurs risques et périls; seuls Ses dévots sont guidés par Lui de manière à ne jamais commettre de faute. Le *Shrimad-Bhagavatam* explique en effet que le *bhakta* est si cher au Seigneur que, même s'il lui arrive d'accomplir des actes contraires aux enseignements des *Védas* (*vikarma*), l'Être Suprême corrige immédiatement ses fautes de l'intérieur de son cœur.

Dans ce verset, le *bhakta* demande précisément à Dieu de corriger ses fautes. L'être conditionné commet souvent des erreurs, qu'il le veuille ou non; et le seul moyen de remédier aux fautes dont nous avons pu nous rendre coupables, même sans le savoir, consiste à nous jeter aux pieds pareils-au-lotus du Seigneur pour L'implorer de guider nos pas. Dieu accepte cette responsabilité pour les âmes qui s'abandonnent complètement à Lui, et en suivant Ses instructions, elles peuvent du coup résoudre tous leurs problèmes. Le *bhakta* sincère peut recevoir ces instructions de deux façons, soit par l'intermédiaire des saints hommes et des saintes femmes, des Écritures révélées et du maître spirituel, soit directement du Seigneur, de l'intérieur de son cœur. Il est donc protégé de tous les côtés.

La connaissance védique est purement spirituelle, et aucun système d'éducation matériel ne peut nous aider à l'obtenir. On ne peut en effet comprendre les mantras védiques que par la grâce de Dieu et du maître spirituel. Et quiconque cherche refuge auprès d'un maître spirituel qualifié est automatiquement considéré comme ayant reçu la grâce de Dieu, car c'est d'abord et avant tout sous la forme du maître spirituel que Dieu apparaît à Son dévot. Le maître spirituel a en effet lui-même reçu la connaissance parfaite d'une source sûre, et lorsqu'il la transmet à son disciple en parfait accord avec les Écritures, il agit au même titre que le Seigneur en personne. Ainsi, le maître spirituel, les Textes védiques et le Seigneur en personne, présent en son cœur, guident tous le *bhakta* et le surchargent d'énergie spirituelle, si bien qu'il ne court aucun risque de se laisser à nouveau fasciner par l'illusion matérielle. Protégé de toutes parts, il est assuré d'atteindre la perfection ultime de l'existence. Cet enseignement sommaire de la *Shri Ishopanishad* est repris en profondeur dans le *Shrimad-Bhagavatam.*

Si Dieu désire nous voir écouter et chanter Ses gloires, c'est parce qu'Il veut le plus grand bien de tous les êtres. Ces pratiques hautement vertueuses permettent en effet à celui qui les accomplit de purifier son cœur en le débarrassant de tout ce qu'il peut contenir d'indésirable. Sa dévotion peut alors se porter tout entière vers le Seigneur; et tout en développant les qualités brahmaniques, il s'affranchit complètement des conséquences de toutes les actions qu'il a pu accomplir sous la dictée des influences matérielles. Son service de dévotion illumine désormais sa conscience, et il peut enfin voir la voie tracée par l'Être Suprême ainsi que la façon dont il peut L'atteindre. Tous ses doutes disparaissent, et il devient un pur dévot.

ANNEXES

Biographie de A.C. Bhaktivedanta Swami Prabhoupad

Bhaktivedanta Swami est né à Calcutta, en Inde, le 1er septembre 1896, et il a reçu de ses parents le prénom d'Abhay Charan, qui signifie « celui qui n'a aucune crainte parce qu'il a pris refuge aux pieds pareils-au-lotus de Krishna » (d'où les initiales A. C. qui précèdent son titre). Selon la coutume de l'époque, ses parents ont consulté un astrologue qui leur a appris qu'à l'âge de 70 ans, cet enfant traverserait l'océan, deviendrait un grand maître spirituel, et fonderait 108 temples à travers le monde.

Après une enfance heureuse dans une famille dévote, il participe activement au mouvement de non-violence de Gandhi. Mais en 1922, après avoir terminé ses études à l'université de Calcutta, il fait une rencontre qui va changer le cours de sa vie. Celui qui va devenir son maître spirituel, Bhaktisiddhanta Sarasvati, lui confie en effet dès cette première rencontre la tâche de faire connaître à l'Occident le message de Dieu tel que contenu dans les Écritures védiques.

Plusieurs années passent, au cours desquelles Abhay essaie de subvenir aux besoins de sa femme et de ses cinq enfants tout en espérant gagner suffisamment d'argent pour aider Bhaktisiddhanta dans sa mission. Mais son commerce de produits pharmaceutiques ne fonctionne malheureusement pas très bien, et ses contributions demeurent beaucoup plus modestes qu'il ne le souhaiterait.

C'est en 1932 qu'il reçoit l'initiation spirituelle de Bhaktisiddhanta Sarasvati et qu'il devient officiellement son disciple, quatre ans seulement avant que l'*acharya* quitte notre planète. Mais avant son départ, il rappelle à Abhay son désir de le voir mettre à profit sa connaissance de la langue anglaise pour enseigner la philosophie de l'amour de Dieu dans les pays occidentaux.

Abhay continue à s'occuper de sa famille et de son commerce, mais avec de moins en moins d'intérêt. Il désire satisfaire son maître spirituel et se consacrer plus activement à la prédication. C'est ainsi qu'en 1939, il écrit une introduction à la *Bhagavad-gita,* le plus grand classique de la tradition védique, contenant les enseignements de Dieu Lui-même, Shri Krishna, à Son disciple et ami Arjouna. Reconnaissant ses qualités d'érudit, ses frères spirituels lui attribuent alors le titre de Bhaktivedanta (*bhakti* veut dire « dévotion », et *védanta,* « le but de la connaissance »).

Peu après, en 1944, il commence à publier un journal sous le nom de *Back to Godhead* (« Retour à Dieu »), et songe sérieusement à écrire une traduction anglaise authentique de la *Bhagavad-gita.* Mais il s'agit là d'un projet de longue haleine qui ne se réalisera que plusieurs années plus tard.

Au début des années 50, il se détache de plus en plus de sa famille et de son commerce, pour s'en séparer définitivement à l'âge de 58 ans. Sa détermination l'amène à centrer toujours davantage ses activités sur Krishna et sur Son message, si bien qu'en 1959, il accepte finalement l'ordre du renoncement, qui consiste à délaisser complètement les biens de ce monde pour voyager sans cesse et répandre la parole de Dieu. Son nom devient alors A.C. Bhaktivedanta Swami, auquel s'ajoutera plus tard le titre de Prabhoupad (« celui aux pieds duquel s'assemblent de nombreux maîtres »).

Après avoir écrit son premier livre, *Antimatière et Éternité,* Shrila Prabhoupad (comme l'appellent affectueusement ses disciples) s'installe à Vrindavan, un petit village du nord de l'Inde où Krishna est apparu en personne il y a environ 5000 ans pour y montrer Ses divertissements. C'est là qu'il entreprend la traduction du *Shrimad-Bhagavatam,* une œuvre en sanskrit qui contient 18000 versets traitant en détail de la science de Dieu et de tous les aspects d'une société idéale. Il s'agit de l'essence des *Védas,* d'un Texte fondamental pour tous les étudiants sérieux de la science spirituelle, et Shrila Prabhoupad y a travaillé jusqu'à la fin de ses jours.

En 1965, il avait déjà publié en trois volumes la première des 12 tranches de cette œuvre. Il ne s'est pas contenté de traduire le Texte à sa manière, comme tant d'autres l'avaient fait avec différentes Écritures. Il s'est appliqué à donner la signification exacte de chaque mot, ainsi qu'une explication de chaque verset en parfait accord avec les enseignements des *Védas* et des maîtres spirituels qui l'avaient précédé, sans rien inventer. C'est en effet de cette façon que la connaissance spirituelle doit être transmise lorsqu'on veut réellement aider ses disciples à progresser vers le but de l'existence, qui est de raviver notre amour pour Dieu.

C'est alors, avec une caisse remplie de ces volumes et seulement 40 roupies en poche (une dizaine de dollars), qu'il s'embarque sur un cargo à destination des États-Unis afin de répondre au désir de son maître spirituel. Ses premiers mois en Amérique sont difficiles, mais il persiste dans sa mission, et petit à petit, les gens s'intéressent à son enseignement. C'est ainsi qu'il fonde bientôt un mouvement qui, en 10 ans à peine, s'étendra à toute la planète : le Mouvement pour la Conscience de Krishna.

Au cours de ces années, il a initié des milliers de disciples, et ceux-ci l'ont aidé à établir près de 200 temples à la gloire de Krishna partout à travers le monde. Il s'adressait chaque jour, infatigablement, à un public de plus en plus vaste, transmettant la sagesse védique dans sa pureté originelle, et il instruisait partout ses disciples pour qu'ils reproduisent et multiplient ses efforts personnels.

Malgré ses voyages constants d'un bout à l'autre du globe, il n'a pas pour autant cessé de traduire d'autres Textes importants, comme *La Shri Ishopanishad, La Bhagavad-gita telle qu'elle est, Le Nectar de la Dévotion, Le Shrimad-Bhagavatam* et *Le Chaitanya-charitamrita,* soit plus de 60 volumes au total, qui ont maintenant été traduits dans presque toutes les langues par ses disciples et distribués à des centaines de milliers d'exemplaires à travers le monde.

Shrila Prabhoupad a quitté notre planète en 1977, mais ses nombreux disciples, ainsi que leurs propres disciples, continuent de mener une vie simple et de haute pensée selon ses enseignements, de maintenir ses temples, de distribuer ses livres, de chanter le *mantra* Hare Krishna dans les rues de nos villes, d'enseigner la philosophie védique dans les écoles et les universités, d'organiser des festivals culturels et de distribuer de la nourriture aux démunis à grande échelle.

Un maître exceptionnel est passé parmi nous, laissant derrière lui un trésor de connaissance inépuisable. Tous les hommes et les femmes de bonne volonté qui désirent améliorer leur sort et celui de notre planète ont maintenant le devoir d'étudier et de mettre en pratique la science universelle qu'il nous a si généreusement transmise. Tel était son désir, pour le plus grand bonheur de tous les êtres.

Le mantra Hare Krishna

Hare Krishna, Hare Krishna,
Krishna Krishna, Hare Hare

Hare Rama, Hare Rama,
Rama Rama, Hare Hare

Nomenclatures et encadrés